Mindset in Azione: Sblocca il Potere della Crescita Personale per Migliorare la Tua Performance

Guida Completa per Trasformare il Tuo Modo di Pensare, Superare Sfide e Raggiungere il Successo Attraverso un Mindset di Crescita

Evoluzione Personale

1. Introduzione al Paradosso della Performance:

La performance è qualcosa che tutti, indipendentemente dallo sfondo, dalla professione o dall'età, cercano di ottimizzare. Ma cosa succede quando, nonostante tutti gli sforzi, gli strumenti e le risorse a disposizione, la nostra performance non rispecchia le nostre capacità? Questa è la domanda centrale che circonda il Paradosso della Performance.

Il Paradosso della Performance non si riferisce semplicemente alla discrepanza tra sforzo e risultato; si tratta di una questione più profonda e intrinseca legata alla psicologia umana, alle aspettative e al potere del nostro mindset. È l'interplay tra ciò che crediamo di poter fare e ciò che realmente riusciamo a fare.

In un mondo in cui siamo sempre più orientati ai risultati, spesso misuriamo il nostro valore e la nostra autostima sulla base delle nostre prestazioni. Che si tratti di obiettivi accademici, professionali o personali, desideriamo raggiungere l'eccellenza. Eppure, molte persone si trovano a lottare contro un nemico invisibile: un mindset che può ostacolare o elevare la loro performance.

Questo libro esplorerà questo paradosso in profondità. Esamineremo come il nostro mindset può sia potenziare che limitare la nostra capacità di agire al meglio delle nostre potenzialità. Discuteremo delle sottili trappole mentali in cui potremmo cadere, dei modi in cui la società e la cultura influenzano le nostre aspettative e delle strategie per superare questi ostacoli.

In questo viaggio, troverete non solo teorie e ricerche, ma anche storie reali di individui che hanno affrontato e superato il Paradosso della Performance. La loro esperienza servirà come faro, illuminando la strada verso una comprensione più profonda di come possiamo trasformare il potere del nostro mindset in azione efficace.

Prepariamoci ad esplorare un territorio che è sia familiare che misterioso, e scopriamo insieme come poter sbloccare il vero potenziale che giace dentro ognuno di noi.

Il Paradosso della Performance rappresenta una sfida intrigante e complessa nel panorama della psicologia della performance. All'apparenza, si potrebbe pensare che avendo le giuste competenze, risorse e motivazione, una persona dovrebbe essere in grado di eseguire al meglio delle sue capacità in ogni circostanza. Tuttavia, la realtà ci mostra una storia diversa. Persone estremamente talentuose falliscono quando meno ce lo aspettiamo, mentre altre, apparentemente sottovalutate, sorprendono superando le aspettative. Questa incongruenza solleva la domanda: cosa influisce realmente sulla nostra performance?

Se ci fermiamo a riflettere, è possibile che ognuno di noi possa identificare almeno un'occasione in cui ha sentito di non aver dato il massimo, nonostante avesse tutte le carte in regola per avere successo. Questa sensazione può essere frustrante e, in alcuni casi, devastante per la nostra autostima. Da un lato, abbiamo la consapevolezza delle nostre capacità, ma dall'altro, ci troviamo a confrontarci con risultati che non rispecchiano il nostro potenziale.

Uno dei principali ostacoli alla performance ottimale è la presenza di barriere mentali o psicologiche. Ad esempio, l'ansia da prestazione, che è la paura o l'apprensione di non riuscire a eseguire al meglio in situazioni di valutazione, può avere un impatto significativo sulle nostre capacità. Questa ansia può manifestarsi in vari modi, come sudorazione eccessiva, tremori, pensieri negativi o, in alcuni casi, un blocco mentale completo. Ma da dove proviene questa ansia? È il prodotto di un ambiente competitivo? È legata alle nostre esperienze passate? Oppure è una combinazione di fattori esterni e interni?

La cultura della performance nella società moderna spesso valorizza il successo e penalizza il fallimento. Da giovani, veniamo educati a raggiungere l'eccellenza, a evitare errori e a cercare sempre la perfezione. Questo tipo di pressione può portare a una mentalità basata sulla paura: paura di sbagliare, di essere giudicati, di non essere all'altezza. Con il tempo, queste paure possono radicarsi profondamente nel nostro subconscio, diventando una sorta di scudo invisibile che impedisce di accedere al nostro vero potenziale.

Ma il paradosso non si limita alle paure. Altri fattori, come le aspettative irrealistiche, possono anche giocare un ruolo significativo. Se ci aspettiamo di avere sempre successo e di non incontrare mai ostacoli, potremmo essere impreparati quando le sfide si presentano. Questa mancanza di preparazione può portare a sentimenti di inadeguatezza e di dubbio su se stessi. Inoltre, l'effetto della comparazione sociale, ovvero confrontarsi costantemente con gli altri, può distorcere la nostra percezione della realtà e influenzare la nostra autostima.

La nozione di mindset entra in gioco in questo scenario. Se possediamo un mindset fisso, vediamo le nostre capacità come statiche e immutabili. Un fallimento, in questa prospettiva, è una diretta riflessione della nostra identità. D'altro canto, con un mindset di crescita, riconosciamo che le capacità possono essere sviluppate e che gli errori sono opportunità di apprendimento.

Il Paradosso della Performance ci spinge quindi a guardare oltre la superficie, a scavare più in profondità nelle intricate reti di convinzioni, aspettative e paure che formano il tessuto della nostra psiche. Esso ci invita a riconsiderare ciò che sappiamo sulla performance e a esplorare nuove strade per liberare il nostro vero potenziale. Sebbene sia una sfida, è anche una preziosa opportunità per crescere, imparare e trasformarsi.

Il Paradosso della Performance può essere ulteriormente analizzato attraverso l'ottica dei fattori ambientali e sociali che influenzano la nostra capacità di agire. Se pensiamo al contesto in cui operiamo, è chiaro che non siamo isole. Siamo, in effetti, prodotti dei nostri ambienti, e questi ultimi possono avere un impatto profondo su come ci percepiamo e come agiamo. Considera, ad esempio, un'organizzazione aziendale. In un ambiente di lavoro altamente competitivo, in cui ogni piccolo errore viene esaminato alla lente d'ingrandimento, è comprensibile che un individuo possa sviluppare una certa apprensione o resistenza a correre rischi. Questo tipo di ambiente può, paradossalmente, ostacolare l'innovazione e l'iniziativa. La creatività e l'ingegnosità spesso richiedono la libertà di esperimentare, di fare errori e di imparare da essi. Se l'ambiente punisce ogni errore, si instaura una cultura di avversione al rischio, che può compromettere non solo la crescita individuale, ma anche l'evoluzione dell'intera organizzazione.

Allo stesso modo, la nostra società nel suo complesso ha modi specifici di valorizzare certi tipi di performance e di sminuirne altri. In molti contesti, il successo è definito in termini molto ristretti, spesso legati a realizzazioni tangibili come soldi, fama o riconoscimento. Ma queste metriche esterne di successo possono allontanarci da ciò che è veramente significativo. Se ci concentriamo esclusivamente su questi indicatori esterni, potremmo trascurare aspetti cruciali della performance, come l'efficacia interpersonale, l'empatia, la resilienza e la capacità di adattarsi e crescere.

Un altro aspetto interessante del Paradosso della Performance riguarda le narrazioni che ci raccontiamo. Le storie che ci diciamo su chi siamo, su cosa siamo capaci di fare e su cosa significa avere successo possono avere un impatto profondo sulla nostra capacità di agire. Se, ad esempio, cresci in un ambiente in cui ti viene costantemente detto che non sei "abbastanza bravo", questa narrazione può diventare una profezia che si autoavvera. Al contrario, essere circondati da figure di supporto che credono in te e nelle tue capacità può fornire una base solida su cui costruire e crescere.

L'importanza delle relazioni non può essere sottovalutata in questo contesto. Gli esseri umani sono creature sociali, e le persone intorno a noi possono avere un effetto profondo sul modo in cui percepiamo e affrontiamo le sfide. Una figura mentore, ad esempio, può aiutare a navigare nel complicato mondo della performance, offrendo consigli, supporto e, cosa ancora più importante, una prospettiva esterna. Queste relazioni possono servire come ancore, aiutandoci a rimanere centrati anche di fronte alle sfide più ardue.

Inoltre, in un mondo sempre più globalizzato e interconnesso, il Paradosso della Performance diventa ancora più complesso. Differenti culture hanno differenti visioni su cosa significhi avere successo, e queste visioni possono a volte entrare in conflitto. Ad esempio, in alcune culture, il successo può essere visto come il risultato di un duro lavoro individuale, mentre in altre potrebbe essere visto come il frutto della collaborazione e dell'armonia comunitaria.

In sintesi, la complessità del Paradosso della Performance va ben oltre le sfide individuali. Esso esiste all'intersezione di fattori personali, ambientali, sociali e culturali, e comprendere questi fattori può fornire una chiave per sbloccare una performance autentica e significativa.

Nel cuore del Paradosso della Performance c'è un'interrogazione sulla natura dell'essere umano e sul modo in cui interagiamo con il mondo che ci circonda. Se ci fermiamo a riflettere sul modo in cui i bambini apprendono e sperimentano il mondo, vediamo un processo naturale di tentativo ed errore, senza il peso del giudizio. Tuttavia, da qualche parte lungo il percorso della crescita, questo processo inizia a cambiare. Le aspettative sociali, le pressioni dei pari e la paura del giudizio possono cominciare a sovrastare la nostra innata curiosità e il desiderio di sperimentare.

Questa transizione segnala uno spostamento da un approccio aperto e orientato all'apprendimento a uno più conservativo e orientato all'evitamento degli errori. Questo spostamento può diventare ancor più accentuato con l'adolescenza e l'età adulta, man mano che iniziamo a formare un'identità più stabile e a cercare il nostro posto nella società. E mentre questa formazione dell'identità può fornirci una sensazione di appartenenza e di scopo, può anche diventare una doppia lama, limitando la nostra capacità di sperimentare e di crescere al di fuori di certe norme e aspettative predefinite.

In parallelo a questo sviluppo individuale, ci sono anche forze esterne che giocano un ruolo cruciale nel modellare la nostra percezione della performance. Ad esempio, l'avvento della tecnologia e dei social media ha rivoluzionato il modo in cui percepiamo il successo e la performance. Con la possibilità di condividere e confrontare costantemente le nostre vite con quelle degli altri, siamo diventati più suscettibili alle trappole della comparazione sociale. Questa costante esposizione a vite curate e momenti di successo può distortare la nostra percezione della realtà e creare aspettative irrealistiche.

Al di là dei social media, la velocità stessa del mondo moderno e la crescente complessità delle sfide che affrontiamo possono contribuire al Paradosso della Performance. In una società dove tutto si muove a un ritmo frenetico, può esserci una pressione crescente per agire rapidamente, prendere decisioni in tempo reale e produrre risultati immediati. Questa enfasi sulla velocità può spesso andare a scapito della riflessione, della pausa e dell'approfondimento, tutti elementi essenziali per una performance autentica e sostenibile.

Un ulteriore fattore da considerare è l'interazione tra mente e corpo nel contesto della performance. Sebbene molto spesso il discorso sul Paradosso della Performance si concentri sull'aspetto mentale e psicologico, non possiamo ignorare l'importanza del corpo nel processo. Le condizioni fisiche, come la fatica, lo stress o persino la dieta, possono influenzare in modo significativo la nostra capacità di eseguire al meglio. Inoltre, la nostra salute mentale e fisica sono intrinsecamente collegate, e ignorare uno a scapito dell'altro può portare a una comprensione incompleta del paradosso.

Infine, la natura stessa del cambiamento e dell'incertezza nella vita moderna può essere un fattore contributivo. Viviamo in tempi di rapidi cambiamenti, sia a livello tecnologico che sociale. La capacità di adattarsi a questi cambiamenti, di rimanere flessibili e resilienti di fronte all'ignoto, è diventata una competenza chiave. Tuttavia, l'adattamento richiede anche la capacità di affrontare l'insuccesso, di apprendere da esso e di andare avanti. Ecco dove il Paradosso della Performance diventa particolarmente rilevante: in un mondo in costante evoluzione, come possiamo bilanciare la necessità di adattarsi e crescere con le pressioni e le aspettative di una performance costantemente elevata?

Alla luce delle diverse sfaccettature del Paradosso della Performance, diventa evidente che questo concetto non è solo una sfida individuale, ma piuttosto un prodotto complesso di forze sia interne che esterne. L'individuo si trova al centro di una ragnatela di aspettative, pressioni, e cambiamenti in continua evoluzione, ognuno dei quali può influenzare la sua percezione e realizzazione della performance.

Innanzitutto, è essenziale riconoscere che la nostra innata curiosità e volontà di sperimentare, che una volta abbiamo posseduto da bambini, non è stata persa, ma piuttosto offuscata da strati di socializzazione, aspettative culturali e pressioni ambientali. Recuperare quella capacità di approcciarsi alla vita con un atteggiamento di apprendimento aperto potrebbe essere un primo passo fondamentale per affrontare questo paradosso.

Inoltre, mentre la tecnologia e i social media hanno amplificato le pressioni della comparazione sociale, è cruciale sviluppare una consapevolezza critica delle realtà distorte che questi mezzi possono presentare. Impegnarsi in pratiche di mindfulness, prendersi delle pause dai media digitali, e coltivare relazioni autentiche nella vita reale, possono aiutare a bilanciare e contrastare queste distorsioni.

Dal punto di vista fisico, l'importanza di curare il proprio corpo, di riconoscere i segni di stress e fatica, e di garantire un equilibrio tra lavoro e riposo, diventa imperativa. La nostra performance, infatti, non è solo un prodotto della nostra mente, ma anche delle condizioni fisiche in cui ci troviamo. La salute integrata - mentale, fisica ed emotiva - è la chiave per una performance sostenibile.

Infine, di fronte a un mondo in costante cambiamento e incertezza, la resilienza e l'adattabilità emergono come competenze fondamentali. Accettare che l'insuccesso e gli ostacoli siano parte integrante del percorso, piuttosto che eccezioni, può spostare la nostra mentalità da una di evitamento a una di accettazione e apprendimento. Invece di vedere la performance come una destinazione fissa, potremmo iniziare a vederla come un viaggio, un percorso di crescita e scoperta personale.

In conclusione, affrontare e superare il Paradosso della Performance richiede un approccio olistico e multidimensionale. Non si tratta solo di "fare di più" o "essere il migliore", ma di comprendere profondamente ciò che significa performare in un mondo complesso, e di navigare in questo contesto con autenticità, consapevolezza e compassione.

Definizione di Mindset: Cos'è e come influisce sulle nostre azioni.

Mindset: Cos'è e come influisce sulle nostre azioni.

Definizione: Il termine "mindset" si riferisce all'insieme di credenze e atteggiamenti che una persona ha riguardo a se stessa e al mondo che la circonda. Si tratta di una mentalità o un quadro cognitivo attraverso il quale filtriamo le esperienze, interpretiamo gli eventi e reagiamo a varie situazioni. Fondamentalmente, il nostro mindset modella la nostra percezione della realtà e determina come ci approcciamo alle sfide, alle opportunità e ai fallimenti.

Tipologie di Mindset: La ricercatrice Carol Dweck, professore alla Stanford University, è particolarmente nota per il suo lavoro sul mindset e ha identificato principalmente due tipi di mentalità:

1. **Mindset Fisso (Fixed Mindset)**: Le persone con un mindset fisso credono che le loro qualità, come l'intelligenza o il talento, siano tratti statici. Tendono a pensare che queste qualità siano innate e immutabili. Di conseguenza, possono evitare sfide per paura di fallire e possono sentirsi scoraggiate di fronte a ostacoli o critiche, vedendo questi eventi come riflessi della loro capacità intrinseca.

2. **Mindset di Crescita (Growth Mindset)**: Al contrario, le persone con un mindset di crescita vedono le loro qualità come qualcosa che può essere sviluppato attraverso l'impegno e l'effort. Credono che con la giusta strategia e con il duro lavoro, possono migliorare e crescere. Questo li rende più resilienti di fronte a sfide e fallimenti, poiché vedono questi momenti come opportunità per apprendere e migliorarsi.

Influenza sulle Azioni: Il mindset di un individuo ha un impatto profondo sulle sue azioni e comportamenti. Questo perché le nostre credenze interne guidano le nostre reazioni esterne. Ecco alcuni modi in cui il mindset influisce sulle nostre azioni:

- **Approccio alle Sfide**: Mentre qualcuno con un mindset fisso potrebbe evitare sfide per paura di non essere all'altezza, qualcuno con un mindset di crescita le vedrà come opportunità per apprendere e crescere.

- **Reazione al Fallimento**: Un individuo con un mindset fisso potrebbe vedere il fallimento come una condanna delle sue capacità, mentre qualcuno con un mindset di crescita lo vedrà come una parte naturale del processo di apprendimento.

- **Motivazione**: Le persone con un mindset di crescita sono spesso autenticamente motivate dal desiderio di crescere e di imparare, mentre quelle con un mindset fisso potrebbero essere più motivate dalla necessità di apparire capaci o evitare l'umiliazione.

- **Ricezione di Feedback**: Una persona con un mindset fisso potrebbe diventare difensiva di fronte al feedback, mentre qualcuno con un mindset di crescita vedrà le critiche come informazioni preziose per migliorare.

In sintesi, il mindset non è solo un insieme di credenze che abbiamo su noi stessi; è la lente attraverso cui vediamo il mondo, interpretiamo gli eventi e decidiamo come agire. Riconoscere e comprendere il proprio mindset può essere il primo passo verso la crescita personale e la realizzazione delle proprie potenzialità.

Il mindset, pur essendo un concetto relativamente semplice, ha radici profonde e vasti effetti risonanti nella psicologia, nella sociologia e persino nella neurobiologia. La natura esatta e la composizione del mindset possono essere influenzate da una varietà di fattori, tra cui l'educazione, l'ambiente, le esperienze passate e le influenze culturali.

Da un punto di vista sociologico, il contesto in cui una persona cresce può modellare fortemente il suo mindset. Ad esempio, crescere in un ambiente dove la conformità e l'obbedienza sono valutate può portare allo sviluppo di un mindset più fisso. In contrasto, essere esposti a diverse idee, culture e sfide può promuovere un mindset di crescita. La famiglia, gli insegnanti, i mentori e persino i coetanei giocano un ruolo fondamentale nel plasmare il nostro modo di pensare e percepire le sfide e le opportunità.

Allo stesso tempo, la neurobiologia offre delle intuizioni affascinanti sul mindset. Ricerche recenti in neuroscienza suggeriscono che il cervello è molto più plastico di quanto precedentemente creduto. Questa plasticità significa che il cervello può cambiare e adattarsi in risposta alle esperienze. Questa scoperta neurobiologica supporta l'idea di un mindset di crescita, suggerendo che con il giusto stimolo e pratica, le persone possono effettivamente "riformare" e migliorare le funzioni cerebrali.

Un'altra area di interesse è la correlazione tra mindset e salute mentale. Si è scoperto che le persone con un mindset di crescita tendono ad avere migliori meccanismi di coping e una maggiore resilienza psicologica. Di fronte agli stress e alle sfide della vita, questi individui sono spesso meglio attrezzati per gestire e superare le avversità. Questo non significa che siano immuni da problemi di salute mentale, ma possono avere una capacità intrinseca di recuperare e adattarsi più rapidamente.

In contrasto, un mindset fisso può portare a meccanismi di coping meno efficaci. L'evitamento, la negazione e una dipendenza eccessiva dall'approvazione esterna sono tutti tratti associati a un mindset fisso. Queste strategie, sebbene possano fornire un sollievo temporaneo, a lungo termine possono contribuire a problemi più profondi come l'ansia, la depressione e una bassa autostima.

Un altro aspetto degno di nota riguarda l'influenza del mindset sulle relazioni interpersonali. Le persone con un mindset di crescita tendono ad essere più aperte, empatiche e disposte a comunicare in modo autentico. Credono nella capacità delle persone di cambiare e migliorare, e questo si riflette nel modo in cui interagiscono con gli altri. Al contrario, un mindset fisso può portare a giudizi prematuri, a una minore tolleranza verso le differenze e a una maggiore resistenza al cambiamento.

Dall'ambito lavorativo all'educazione, dall'approccio alle relazioni personali alla gestione dello stress, il mindset di una persona influisce profondamente su come naviga nel vasto oceano della vita. E mentre le circostanze esterne e i fattori incontrollabili svolgono indubbiamente un ruolo nella formazione di questo mindset, la consapevolezza e l'introspezione possono offrire la chiave per sbloccare e potenzialmente riformare queste credenze radicate. In effetti, la sola consapevolezza del proprio mindset può essere il primo passo per spostare la bilancia in direzione di una mentalità più aperta e adattabile.

Un punto fondamentale che emerge quando ci immergiamo nel concetto di mindset è la sua intersezione con la cultura. Diverse culture, con le loro norme e valori unici, possono influenzare e modellare il mindset dei loro membri in modi significativi. Ad esempio, nelle società collettiviste, l'accento potrebbe essere posto sull'armonia del gruppo e sulla conformità, il che potrebbe incoraggiare un mindset che enfatizza la coesione e l'adattamento. D'altra parte, le società individualistiche potrebbero premiare l'innovazione e la differenziazione, potenziando un mindset che valuta l'autonomia e la personalizzazione.

Questo legame tra cultura e mindset si estende anche alla pedagogia e all'educazione. In alcune culture, l'errore è visto come una parte integrante del processo di apprendimento, un passo necessario verso la maestria. In altri contesti, l'errore potrebbe essere stigmatizzato, spingendo gli studenti verso la perfezione piuttosto che verso la comprensione. Queste sottili differenze nell'approccio all'apprendimento possono avere un impatto duraturo sullo sviluppo del mindset di un individuo, determinando se vedrà le sfide come opportunità o come minacce.

Il ruolo delle esperienze di vita non può essere sottovalutato quando si esplora il tema del mindset. Gli eventi traumatici, le perdite, i successi, le interazioni quotidiane e persino le letture possono raffinare, alterare o consolidare il nostro modo di vedere il mondo. Ad esempio, una persona che ha superato numerose avversità potrebbe sviluppare un mindset di resilienza, credendo fermamente nella propria capacità di superare le sfide. D'altro canto, ripetuti fallimenti senza adeguato supporto o comprensione possono portare a un mindset di disempowerment o di impotenza appresa.

La linguistica, sorprendentemente, ha anche un ruolo nel modellare il mindset. Le parole che usiamo per descrivere noi stessi, gli altri e le situazioni attorno a noi possono rafforzare determinate credenze. Frasi come "non sono un tipo matematico" o "sono sempre sfortunato" non sono solo espressioni passive di circostanze; possono diventare profezie autoavveranti. D'altra parte, la pratica di incorporare un linguaggio positivo e aperto può promuovere un mindset più flessibile e aperto.

Interessante è anche l'intersezione tra mindset e fisiologia. Il modo in cui percepiamo e interpretiamo le sfide può influenzare la risposta del nostro corpo. Quando vediamo una sfida come una minaccia, il nostro corpo potrebbe rispondere con una risposta di "combatti o fuggi", rilasciando cortisolo e preparandoci per una reazione immediata. Al contrario, percependo la stessa sfida come un'opportunità o come qualcosa di gestibile, la risposta fisiologica potrebbe essere più calma e centrata, permettendo una maggiore chiarezza e pensiero analitico.

Allo stesso tempo, la maturità emotiva e la regolazione delle emozioni giocano un ruolo cruciale nel determinare il nostro mindset. Essere in grado di gestire e interpretare le proprie emozioni, piuttosto che essere sopraffatti da esse, può influenzare se si adotta un mindset di crescita o uno fisso in una data situazione. Questa capacità di auto-regolazione può essere coltivata attraverso la pratica della mindfulness, della meditazione e di altre tecniche di consapevolezza.

L'impatto del mindset si estende anche al dominio fisico. Ad esempio, negli sport, un atleta con un mindset di crescita potrebbe vedere una sconfitta come un feedback, un'opportunità per migliorare, mentre uno con un mindset fisso potrebbe vedere lo stesso risultato come una conferma dei suoi limiti. Questa differenziazione può determinare non solo le prestazioni future ma anche la longevità nella carriera di un atleta.

L'interazione tra mindset e tecnologia è un altro aspetto cruciale da esaminare. In un'era dominata dalla rivoluzione digitale, la nostra relazione con la tecnologia può avere un impatto significativo sul modo in cui percepiamo il mondo e su come interpretiamo le sfide. Ad esempio, l'uso diffuso dei social media ha creato una nuova dimensione di confronto. Una persona con un mindset fisso potrebbe confrontarsi costantemente con gli altri, percependo la sua vita come carente in confronto alle rappresentazioni ideali mostrate online. Al contrario, un individuo con un mindset di crescita potrebbe utilizzare gli stessi strumenti per cercare ispirazione, apprendimento e connessioni significative.

La gamification, ovvero l'uso di elementi di gioco in contesti non ludici, rappresenta un'interessante intersezione tra mindset e tecnologia. Molti programmi educativi moderni utilizzano la gamification per promuovere l'apprendimento. Qui, l'errore non è punito ma è piuttosto parte del gioco, un passo verso la comprensione. Questo può aiutare a coltivare un mindset di crescita, dove la sconfitta o l'errore sono visti come punti di apprendimento piuttosto che come barriere insormontabili.

L'era digitale porta anche con sé l'abbondanza di informazioni. La capacità di discernere, filtrare e applicare queste informazioni è diventata essenziale. Un mindset rigido potrebbe sentirsi sopraffatto da questa sovraccarico di informazioni, aderendo strettamente alle proprie credenze preesistenti e respingendo nuove idee. D'altra parte, un mindset di crescita potrebbe vedere l'abbondanza di informazioni come un'opportunità per ampliare le proprie conoscenze, rimanendo tuttavia critico e selettivo su ciò che assimila.

Un'altra dimensione interessante è la relazione tra mindset e salute fisica. Esiste un crescente corpo di ricerche che suggerisce che il nostro mindset può influenzare direttamente la nostra salute e il nostro benessere. Ad esempio, la percezione dello stress può avere un effetto tangibile sulla nostra risposta fisica. Se vediamo lo stress come qualcosa di completamente negativo e dannoso, è probabile che il nostro corpo risponda in modo più avverso. Tuttavia, se riconosciamo lo stress come una risposta naturale che può avere anche aspetti positivi (ad esempio, ci prepara ad affrontare una sfida), la reazione fisica potrebbe essere meno dannosa.

Il ruolo dell'autostima nel modellare il mindset è anche una considerazione importante. L'autostima, la percezione che abbiamo di noi stessi, può servire come un filtro attraverso il quale vediamo le sfide e le opportunità. Una bassa autostima può rinforzare un mindset fisso, dove le sfide vengono viste come conferme delle proprie inadeguatezze. Una sana autostima, d'altra parte, può sostenere un mindset di crescita, dove gli ostacoli sono visti come opportunità per l'apprendimento e l'auto-miglioramento.

Infine, la spiritualità e le credenze personali possono influenzare profondamente il nostro mindset. Che una persona aderisca a una religione organizzata, a una pratica spirituale o a un insieme personalizzato di credenze, queste ideologie possono fornire un quadro di riferimento per come percepiamo il mondo e il nostro posto in esso. Ad esempio, le credenze che enfatizzano la redenzione, il perdono e la crescita personale possono rafforzare un mindset di crescita, mentre le ideologie più punitive o fatalistiche potrebbero promuovere un mindset più fisso.

Il mindset, nella sua essenza, è una lente attraverso la quale interpretiamo, reagiamo e navigiamo nel mondo. Questa lente è modellata da una miriade di fattori, che spaziano dalla nostra educazione e cultura all'era digitale in cui viviamo, dalle nostre esperienze personali alle interazioni con la tecnologia, dalla nostra autostima alle nostre credenze spirituali.

Un punto cardine da ricordare è la malleabilità del mindset. Nonostante le influenze esterne e interne, abbiamo la capacità di riconoscere, riflettere e, se necessario, ridefinire il nostro modo di pensare. Questa capacità di adattamento può avere ripercussioni profonde non solo su come percepiamo il mondo, ma anche su come ci muoviamo al suo interno. Un mindset di crescita, che vede le sfide come opportunità e accoglie il cambiamento, può aprire porte a nuove esperienze, apprendimenti e successi. D'altro canto, un mindset fisso può limitare le nostre potenzialità, facendoci rimanere ancorati a vecchi modelli e credenze.

La tecnologia, la cultura, l'educazione, le esperienze personali e molte altre sfere della vita giocano ruoli cruciali nel modellare il nostro mindset. Tuttavia, è essenziale riconoscere che, nonostante queste influenze, siamo noi a detenere l'ultima parola sulla forma e sulla direzione del nostro pensiero. La consapevolezza di questa potenza intrinseca è forse il primo passo verso l'adozione di un mindset che ci permetta di vivere una vita più ricca, significativa e orientata alla crescita.

In conclusione, il mindset è molto più di un semplice modo di pensare; è una rappresentazione complessa e stratificata di come interagiamo con il mondo. Comprendere i diversi fattori che contribuiscono a formare il nostro mindset e riconoscere la nostra capacità di influenzarlo attivamente può portarci a vivere con maggiore intenzionalità, scopo e autenticità.

3. Mindset Fisso vs Mindset di Crescita: La teoria di Carol Dweck.

Mindset Fisso vs Mindset di Crescita: La teoria di Carol Dweck

Carol Dweck, una rinomata psicologa dell'Università di Stanford, ha rivoluzionato il nostro pensiero sull'intelligenza, il talento e il successo con la sua ricerca sul mindset. La sua teoria distingue tra due mindset distinti: il mindset fisso e il mindset di crescita.

1. **Mindset Fisso**: Le persone con un mindset fisso credono che le loro qualità, come l'intelligenza o il talento, siano tratti statici e innati. In altre parole, si nasce con un certo livello di intelligenza o talento e ciò non può

cambiare significativamente. Questa mentalità porta a determinate convinzioni e comportamenti:

- Evitare sfide per paura di fallire.
- Rinunciare facilmente di fronte agli ostacoli.
- Vedere lo sforzo come inutile o persino come un segno di insufficienza.
- Ignorare o evitare feedback utili.
- Sentirsi minacciati dal successo altrui.
- Misurare il proprio valore basandosi su successi esterni e evitando fallimenti a tutti i costi.

2. **Mindset di Crescita**: D'altro canto, le persone con un mindset di crescita credono che le loro qualità possano essere sviluppate attraverso la dedizione e lo sforzo. L'intelligenza e il talento sono solo il punto di partenza; con impegno e lavoro, si può crescere e migliorare. Questa mentalità promuove:

- Abbracciare le sfide come opportunità di apprendimento.
- Persistere di fronte agli ostacoli.
- Vedere lo sforzo come un percorso verso la maestria.
- Apprendere dal feedback e dalle critiche.
- Trovare ispirazione e lezioni nel successo degli altri.

- Credere nel potenziale di miglioramento e sviluppo attraverso esperienze ed esercizi.

La teoria di Dweck non solo identifica questi due mindset, ma dimostra anche le profonde implicazioni che hanno sulla motivazione, sulla performance e sull'approccio alle sfide. Ad esempio, quando gli studenti con un mindset fisso affrontano un compito difficile e falliscono, sono propensi a credere di non avere ciò che serve per avere successo e possono ritirarsi. D'altra parte, gli studenti con un mindset di crescita vedono lo stesso fallimento come una carenza di sforzo o di strategia, non di capacità, e sono quindi più propensi a tentare di nuovo con un approccio diverso.

Uno degli aspetti più rivoluzionari della ricerca di Dweck è l'idea che il mindset non sia fisso, ma piuttosto qualcosa che possa essere modellato e cambiato. Attraverso interventi specifici, le persone possono spostarsi da un mindset fisso a uno di crescita, con conseguenti miglioramenti nelle loro performance, nella loro resilienza e nella loro motivazione intrinseca.

In conclusione, la teoria del mindset di Carol Dweck offre una visione profonda su come le nostre credenze riguardo le nostre capacità influenzino il nostro comportamento, i nostri risultati e il nostro approccio alla vita. Con la consapevolezza di questi mindset e con gli strumenti per coltivare un mindset di crescita, possiamo liberare un potenziale nascosto e raggiungere livelli di successo e soddisfazione che potrebbero sembrare fuori portata con un mindset fisso.

Oltre al contesto educativo, la teoria del mindset di Carol Dweck ha trovato applicazioni in molti altri settori, come affari, sport, relazioni e sviluppo personale.
Nei **mondi degli affari**, per esempio, il tipo di mindset che un leader possiede può avere un impatto profondo sulla cultura dell'organizzazione. Un CEO con un mindset fisso potrebbe evitare rischi, resistere ai cambiamenti o sentire la necessità di dimostrare continuamente la propria competenza. Potrebbero anche vedere i feedback come minacciosi piuttosto che come un'opportunità per migliorare. Al contrario, i leader con un mindset di crescita sono più aperti all'innovazione, incoraggiano il rischio calcolato e vedono i fallimenti come opportunità di apprendimento. Questo può portare a un ambiente di lavoro più innovativo e collaborativo. Nello **sport**, il mindset gioca un ruolo cruciale. Atleti con un mindset fisso possono temere situazioni ad alta pressione, preoccupandosi di come verranno percepiti se falliscono. Ciò può

limitare la loro capacità di esibirsi al meglio quando conta di più. Al contrario, gli atleti con un mindset di crescita vedono ogni partita, ogni esercizio e ogni errore come un'opportunità per migliorare. Non sono paralizzati dalla paura di fallire, ma sono motivati dal desiderio di crescere.

Anche nelle **relazioni interpersonali**, il mindset ha un ruolo. Considera, ad esempio, una relazione di coppia. Se un partner ha un mindset fisso, potrebbe credere che le persone non cambiano e che i conflitti o le differenze siano indicatori di incompatibilità. Potrebbero evitare conflitti o ritirarsi quando emergono problemi. Al contrario, un partner con un mindset di crescita vede le sfide come opportunità per crescere insieme, lavorare attraverso problemi e sviluppare una comprensione più profonda l'uno dell'altro.

Anche il modo in cui affrontiamo le **sfide personali** e la crescita può essere influenzato dal nostro mindset. Se stiamo cercando di sviluppare una nuova abilità, come suonare uno strumento o imparare una nuova lingua, il nostro mindset determinerà il nostro approccio e la nostra perseveranza. Con un mindset fisso, potremmo arrenderci dopo le prime difficoltà, pensando: "Non sono fatto per questo". Ma con

un mindset di crescita, vedremmo ogni ostacolo come un passo nel percorso di apprendimento.
È importante sottolineare che il mindset non è semplicemente "pensiero positivo". Non si tratta solo di credere che tutto andrà bene. Si tratta piuttosto di credere nella capacità di migliorare, di apprendere e di adattarsi. Si tratta di vedere lo sforzo come un mezzo per la crescita, non come un segno di debolezza.
Infine, vale la pena notare che la ricerca di Dweck ha ispirato una serie di interventi educativi e formativi per aiutare le persone a sviluppare un mindset di crescita. Questi interventi hanno mostrato risultati promettenti, aiutando studenti, atleti, professionisti e individui di tutti i tipi a sbloccare il loro potenziale e ad affrontare le sfide con maggiore resilienza e determinazione.

In conclusione, la teoria del mindset di Carol Dweck ha avuto un impatto pervasivo che va ben oltre il mondo accademico, influenzando settori come gli affari, lo sport, le relazioni interpersonali e lo sviluppo personale. Il suo lavoro ha non solo rivelato come il nostro modo di pensare può modellare il nostro comportamento e i nostri risultati, ma ha anche fornito strumenti tangibili per il cambiamento e la crescita personale.

Per riassumere, un mindset fisso è limitante e può inibire la nostra capacità di apprendere, crescere e adattarsi. Esso porta all'evitamento di sfide, al ritiro di fronte a ostacoli e a una visione ristretta del successo e del fallimento. Al contrario, un mindset di crescita può liberare il nostro potenziale, permettendoci di vedere le sfide come opportunità, di valorizzare lo sforzo e di apprendere da feedback e errori. Questo tipo di mentalità ci rende più resilienti, adattabili e preparati ad affrontare le inevitabili incertezze e difficoltà della vita.

Dweck non solo ha identificato questi due tipi fondamentali di mindset, ma ha anche dimostrato che essi possono essere cambiati e sviluppati attraverso interventi specifici. Questa è una rivelazione potente: significa che non siamo bloccati con un determinato tipo di pensiero o comportamento; possiamo prendere passi concreti per coltivare un mindset più sano e produttivo.

Questo corpo di lavoro ha generato una serie di applicazioni pratiche, da programmi educativi che insegnano ai bambini come sviluppare un mindset di crescita, a strategie aziendali che incoraggiano una cultura di apprendimento e innovazione. Gli effetti di questi interventi sono spesso profondi, portando a miglioramenti nella motivazione, nella performance e nel benessere generale.

Quindi, mentre la teoria del mindset può sembrare semplice in superficie, le sue implicazioni sono vastamente complesse e profondamente transformative. Comprendere la potenza del mindset e come possiamo attivamente coltivare un mindset di crescita rappresenta una delle vie più promettenti per migliorare non solo il nostro successo personale e professionale, ma anche il nostro benessere generale e la qualità della nostra vita.

4. Come il Mindset Fisso ostacola la Performance.

Come il Mindset Fisso ostacola la Performance

Il concetto di mindset fisso, come delineato dalla Dr. Carol Dweck, suggerisce che alcune persone vedono le loro abilità e talenti come tratti statici, cioè qualcosa con cui sono nati e che non può essere significativamente modificato attraverso lo sforzo o l'apprendimento. Mentre a prima vista può sembrare un modo innocuo di vedere se stessi, un mindset fisso può avere una serie di implicazioni negative sulla performance in molte aree della vita. Ecco come:

1. **Evitamento delle sfide**: Le persone con un mindset fisso tendono ad evitare sfide per proteggere la loro autostima. Se vedono le loro abilità come fisse, allora fallire in una nuova impresa potrebbe riflettere negativamente sulla loro intelligenza o talento. Di conseguenza, potrebbero preferire compiti familiari o facili piuttosto che sforzarsi in qualcosa di nuovo e rischioso.

2. **Paura del fallimento**: Il fallimento, per chi possiede un mindset fisso, è visto non come un'opportunità di apprendimento, ma come una minaccia all'identità. Il fallimento può essere interpretato come una prova che non sono "abbastanza bravi", piuttosto che come una parte normale del processo di apprendimento e crescita.

3. **Resistenza al feedback**: Un altro ostacolo alla performance è la resistenza o l'avversione al feedback costruttivo. Poiché le persone con un mindset fisso sono investite nell'idea che le loro abilità siano innate, potrebbero vedere qualsiasi critica o feedback come un attacco personale, piuttosto che come un suggerimento per migliorare.

4. **Limitazione nella crescita e nello sviluppo**: Senza la volontà di affrontare nuove sfide o di accettare e agire sul feedback, le opportunità per la crescita personale e

professionale possono diventare limitate. Questo può portare a stagnazione e mancanza di progresso in varie sfere della vita.

5. **Vedere lo sforzo come inutile**: In un mindset fisso, lo sforzo è spesso visto in una luce negativa. Se si crede che le abilità siano innate, allora perché sforzarsi? Questo può portare a un mancato investimento nel miglioramento personale, perché lo sforzo è percepito come un segno di insufficienza piuttosto che come un percorso verso la maestria.

6. **Confronto costante con gli altri**: Le persone con un mindset fisso spesso si misurano in base al successo o alle prestazioni degli altri. Questo costante confronto può creare ansia, invidia o un senso di inferiorità, tutti fattori che possono ostacolare la performance.

7. **Ritiro di fronte alle difficoltà**: Di fronte a ostacoli o difficoltà, qualcuno con un mindset fisso potrebbe arrendersi rapidamente, credendo che le difficoltà siano un segno che semplicemente non ha ciò che serve per avere successo.

Questi comportamenti e atteggiamenti legati al mindset fisso possono avere un impatto profondo sulla performance. Non solo possono impedire a un individuo di raggiungere il suo pieno potenziale, ma possono anche influenzare la sua autostima, la sua motivazione e la sua capacità di adattarsi e crescere in risposta alle sfide della vita. In contesti come scuola, lavoro o sport, dove la performance è spesso misurata e valutata, avere un mindset fisso può portare a opportunità perse, frustrazione e insoddisfazione.

Un approfondimento sul mindset fisso e le sue implicazioni può anche coinvolgere una riflessione su come questi atteggiamenti si formano e come influenzano interazioni e dinamiche più ampie, oltre all'individuo.

8. **Origini del mindset fisso**: Le radici di un mindset fisso possono spesso essere rintracciate nelle esperienze dell'infanzia e nell'educazione. Elogi focalizzati sull'intelligenza innata o sui talenti ("Sei così intelligente!") piuttosto che sugli sforzi ("Hai lavorato duramente su questo!") possono involontariamente promuovere un mindset fisso. Questi messaggi, ripetuti nel tempo, possono rinforzare l'idea che il valore di un individuo è intrinsecamente legato alle sue capacità innate e non alle sue azioni o sforzi.

9. **Impatto sulle relazioni**: Le persone con un mindset fisso possono avere difficoltà nelle relazioni. Possono evitare conflitti per paura di "fallire" in una relazione o possono non impegnarsi in conversazioni profonde o vulnerabili perché temono giudizi negativi.

Questo può portare a relazioni superficiali o a dinamiche disfunzionali.

10. **Reazioni allo stress e alla pressione**: In situazioni di alta pressione, un mindset fisso può intensificare la reazione allo stress. L'individuo potrebbe sentirsi sopraffatto dalla paura di non essere all'altezza delle aspettative, portando a ansia, procrastinazione o addirittura evitamento completo delle responsabilità.

11. **Dinamiche di gruppo**: In un contesto di gruppo, come un team di lavoro o un gruppo sportivo, avere membri con un mindset fisso può ostacolare la collaborazione e l'innovazione. Questi individui potrebbero non voler condividere idee per paura di essere giudicati, oppure potrebbero resistere a nuove idee o approcci perché li vedono come minacce al loro status o competenza.

12. **Implicazioni a lungo termine**: Mentre gli effetti a breve termine di un mindset fisso possono essere la paura del fallimento o l'evitamento di sfide, gli effetti a lungo termine possono essere ancor più gravi. L'accumulo di opportunità mancate, insieme alla frustrazione e alla mancanza di crescita personale, può portare a sentimenti di insoddisfazione, rimpianto e una diminuzione della fiducia in se stessi.

13. **Interazione con la cultura e la società**: Alcune culture o società possono involontariamente promuovere un mindset fisso attraverso forti idee su ciò che è possibile o accettabile per determinate persone, basandosi su genere, età, background o altre caratteristiche. Questo può limitare le aspirazioni e i sogni delle persone, confinandole in ruoli rigidi o aspettative stereotipate.

    Questi ulteriori punti mostrano che il mindset fisso non è solo un tratto individuale; è un fenomeno che può essere influenzato da una miriade di fattori esterni e che può avere ripercussioni su molte aree della vita di un individuo, dalle interazioni personali alle aspirazioni di carriera. La profondità e la portata di queste implicazioni sottolineano l'importanza di riconoscere e affrontare un mindset fisso.

14. **Rinforzi nel sistema educativo**: L'ambiente scolastico può spesso, involontariamente, promuovere un mindset fisso. Sistemi basati sulla valutazione, dove gli studenti sono giudicati principalmente attraverso voti e percentuali, possono portare gli studenti a credere che il loro valore sia strettamente legato alle loro prestazioni scolastiche. Inoltre, la mancanza di opportunità per la revisione e il miglioramento può inviare il messaggio che gli errori sono permanenti e definiscono l'abilità.

15. **Impatto sulla leadership**: I leader con un mindset fisso possono non solo limitare la propria crescita, ma anche quella dei loro subordinati. Possono essere meno inclini a cercare feedback, meno aperti alle critiche e meno disponibili a nuove idee o innovazioni. Questo può creare un ambiente di lavoro stagnante e non supportivo.

16. **Interazione con la tecnologia**: In un mondo sempre più guidato dalla tecnologia, l'abilità di adattarsi e imparare rapidamente è fondamentale. Coloro con un mindset fisso possono trovare particolarmente difficile mantenere il passo con i rapidi cambiamenti tecnologici, poiché possono vedere la loro incapacità di comprendere immediatamente un nuovo strumento o software come un riflesso della loro intelligenza, piuttosto che come una normale parte del processo di apprendimento.

17. **Implicazioni per la salute**: La percezione di insuccesso e l'ansia costante di non essere all'altezza possono portare a stress cronico, che è noto per avere numerosi effetti negativi sulla salute. Dal sonno disturbato all'ipertensione, alle problematiche legate alla salute mentale, un mindset fisso può avere conseguenze sulla salute generale di un individuo.

18. **Auto-sabotaggio**: L'auto-sabotaggio è una manifestazione comune di un mindset fisso. Gli individui possono deliberatamente evitare opportunità o compromettere le proprie prestazioni per evitare la possibilità di fallimento. Questo può manifestarsi in vari modi, dal ritardo nella consegna di un progetto alla mancata partecipazione a eventi sociali o opportunità di networking.

19. **Implicazioni economiche**: Su una scala più ampia, un mindset fisso può avere ripercussioni economiche. Le aziende che non promuovono l'innovazione e l'apprendimento continuo possono rimanere indietro rispetto ai concorrenti. Allo stesso modo, le economie nazionali che non investono nell'istruzione e nello sviluppo delle competenze della loro popolazione possono trovare sfidante competere a livello globale.

20. **Interazione con altri tratti psicologici**: Il mindset fisso non esiste in un vuoto. Interagisce con altri tratti e credenze, come l'autostima, l'ansia da prestazione, e le convinzioni di autoefficacia. Queste interazioni possono intensificare o, in alcuni casi, mitigare gli effetti del mindset fisso.

Mentre questi ulteriori punti di riflessione ampliano la comprensione delle complesse ramificazioni del mindset fisso, è essenziale riconoscere che questo concetto non è un destino. Come suggerisce il lavoro di Dweck, le persone possono cambiare e sviluppare un mindset più orientato alla crescita attraverso la consapevolezza, l'educazione e la pratica.

La comprensione profonda di come un mindset fisso possa ostacolare la performance è fondamentale non solo per individui e professionisti, ma anche per organizzazioni, istituzioni educative e società nel suo insieme. Il mindset fisso, radicato nella convinzione che le nostre capacità e intelligenza siano fisse e immutabili, può limitare l'apertura verso nuove esperienze, l'assunzione di rischi, l'innovazione e la crescita personale. Questa mentalità è spesso sottolineata da una paura pervasiva del giudizio e del fallimento, portando gli individui a evitare sfide e a ritirarsi da opportunità che potrebbero portare a errori o critiche. Questa avversione al rischio, se non affrontata, può condurre a una serie di comportamenti autolimitanti che impediscono l'espansione delle proprie potenzialità.
In ambito professionale, un mindset fisso può causare stasi e resistenza al cambiamento. I leader con questo tipo di mentalità possono non solo impedire la propria crescita, ma anche quella dei membri del loro team. Possono evitare

di cercare feedback, resistere all'innovazione, e creare un ambiente in cui i dipendenti temono di prendere iniziative o di esprimere idee innovative.

In ambito educativo, un sistema che involontariamente promuove un mindset fisso può avere conseguenze durature sugli studenti, limitando il loro desiderio di esplorare, imparare e sbagliare. Questi studenti possono portare con sé queste convinzioni limitanti nella loro vita adulta, influenzando le loro scelte di carriera, relazioni e persino il benessere generale.

A livello societale, un mindset fisso diffuso può frenare l'innovazione, la creatività e la progressione. Può consolidare stereotipi, limitare la mobilità sociale e ridurre la resilienza collettiva di fronte a sfide e cambiamenti.

Tuttavia, è cruciale sottolineare che il mindset fisso non è un destino immutabile. Attraverso l'educazione, la riflessione e la pratica, gli individui possono coltivare un mindset di crescita, aperto alla possibilità di cambiamento e sviluppo. Questa transizione, se supportata e incoraggiata, può liberare un potenziale inespresso, guidando le persone verso realizzazioni più elevate e una soddisfazione più profonda in tutte le sfere della vita. Concludendo, affrontare e superare le barriere imposte da un mindset fisso è essenziale per realizzare una performance ottimale e vivere una vita di piena realizzazione e scoperta.

5. Come il Mindset di Crescita potenzia la Performance.

Il mindset di crescita, come delineato dalla Dr. Carol Dweck, si basa sulla convinzione che le abilità e l'intelligenza possano essere sviluppate attraverso impegno, formazione e persistenza. Questa mentalità apre la porta a una serie di comportamenti e atteggiamenti positivi che possono significativamente migliorare la performance in molteplici ambiti. Vediamo come:

1. **Resilienza di fronte alle avversità**: Gli individui con un mindset di crescita tendono a vedere gli ostacoli come opportunità per imparare e crescere, piuttosto che come barriere insormontabili. Questo li rende più resilienti di fronte alle sfide e più inclini a persistere fino al raggiungimento dei loro obiettivi.

2. **Amore per l'apprendimento**: Questi individui sono guidati da una genuina curiosità e un desiderio di sapere di più. Questo li spinge a cercare attivamente nuove informazioni, competenze e esperienze, ampliando continuamente il loro repertorio e migliorando la loro performance complessiva.

3. **Apertura al feedback**: Riconoscendo che il feedback è un veicolo per la crescita, coloro con un mindset di crescita sono più inclini ad accettare critiche costruttive e utilizzarle come uno strumento per migliorare, piuttosto che vederle come un attacco personale.

4. **Flessibilità**: Con la convinzione che il cambiamento e l'adattamento siano possibili, questi individui sono più flessibili nel loro approccio ai problemi e alle situazioni, permettendo loro di navigare con maggiore efficacia in ambienti in continua evoluzione.

5. **Miglior collaborazione**: Poiché vedono l'apprendimento e la crescita come un percorso collettivo, sono più inclini a collaborare, condividere idee e costruire sinergie con gli altri, potenziando la performance di squadra.

6. **Maggiore autostima**: Avendo una visione dell'intelligenza e delle capacità come qualcosa che può essere sviluppato, questi individui tendono ad avere una maggiore fiducia nelle proprie capacità, credendo nella possibilità di superare le sfide attraverso lo sforzo e la dedizione.

7. **Meno paura del fallimento**: Per coloro con un mindset di crescita, il fallimento è visto come un'opportunità di apprendimento piuttosto che come una condanna. Ciò riduce l'ansia da prestazione e incoraggia la sperimentazione e l'innovazione.

8. **Lungimiranza**: Con un focus sull'apprendimento e sulla crescita, questi individui sono più propensi a pianificare a lungo termine, stabilendo obiettivi e strategie che li aiutino a realizzare la loro visione futura.

9. **Impegno continuo**: Un mindset di crescita incoraggia un impegno continuo nell'auto-miglioramento. Gli individui sono costantemente alla ricerca di modi per affinare le loro competenze e ampliare la loro conoscenza.

10. **Aumento dell'innovazione**: L'accettazione del rischio e la visione del fallimento come un'opportunità spingono gli individui con un mindset di crescita ad esplorare nuove idee e strategie, alimentando l'innovazione.

In sintesi, il mindset di crescita funge da catalizzatore per la performance, sostenendo una mentalità aperta, curiosa e resiliente. La capacità di vedere sfide e ostacoli come opportunità di crescita non solo potenzia l'efficacia individuale ma anche quella collettiva, creando ambienti in cui l'innovazione e la collaborazione fioriscono.

Allora, approfondendo ulteriormente il tema del mindset di crescita e il suo impatto sulla performance:

Sviluppo Continuo: Una persona con un mindset di crescita non si ferma mai di fronte al raggiungimento di un obiettivo. Per loro, ogni traguardo è semplicemente un segnale che c'è un altro livello da raggiungere, un'altra sfida da affrontare. Questo approccio alla vita e al lavoro garantisce che si stiano sempre spingendo verso nuove frontiere, cercando di superare i propri limiti e di perfezionarsi.

Relazione con gli Errori: Mentre una mentalità più fissa potrebbe vedere gli errori come segni di incompetenza o fallimento, un mindset di crescita li vede come opportunità. Ogni errore diventa una lezione, un'occasione per riflettere su ciò che non ha funzionato e su come potrebbe essere migliorato. Questa relazione sana con l'errore significa che tali individui sono meno inclini a scoraggiarsi o ad arrendersi di fronte a contrattempi.

Visione Olistica: Coloro con un mindset di crescita tendono a vedere le cose in modo olistico. Riconoscono che ogni aspetto della loro vita, dallo sviluppo personale, alle relazioni, all'ambiente di lavoro, è interconnesso. Questa visione olistica li spinge a cercare equilibrio e armonia in tutti gli aspetti della loro esistenza, potenziando la loro performance complessiva.

Interconnessione con gli Altri: Credere nella capacità di crescere e svilupparsi porta naturalmente a una maggiore empatia verso gli altri. Gli individui con un mindset di crescita sono spesso più comprensivi, pazienti e disposti ad aiutare gli altri nel loro percorso di sviluppo. Questa interconnessione con gli altri non solo migliora la qualità delle relazioni, ma può anche portare a reti di supporto solide, che a loro volta possono potenziare ulteriormente la performance.

Approccio Proattivo alla Vita: Piuttosto che aspettare che le opportunità si presentino, coloro con un mindset di crescita sono proattivi nella creazione di opportunità per se stessi. Sono sempre in movimento, sempre alla ricerca di nuove esperienze e conoscenze che possono arricchire la loro vita e potenziare le loro capacità.

Mindfulness e Presenza: Essere consapevoli del proprio processo di crescita e sviluppo richiede un certo livello di mindfulness. Questo significa che le persone con un mindset di crescita sono spesso più presenti, sia nella loro vita personale che professionale. Questa presenza li aiuta a essere più sintonizzati su ciò che sta accadendo intorno a loro, permettendo loro di adattarsi e rispondere in modo più efficace alle situazioni.

Apertura all'Incognito: Mentre il timore dell'ignoto può paralizzare coloro con un mindset più fisso, quelli con un mindset di crescita sono eccitati dall'incognito. Vedono l'ignoto come un territorio inesplorato, pieno di nuove opportunità e lezioni da imparare.

Gestione dello Stress: La convinzione nella capacità di crescere e superare le sfide può anche influenzare positivamente come gli individui gestiscono lo stress. Piuttosto che sentirsi sopraffatti, possono vedere situazioni stressanti come temporanee e superabili, utilizzando strumenti e risorse per gestirle in modo efficace. Queste diverse sfaccettature del mindset di crescita offrono una panoramica di come una tale mentalità possa influenzare e potenziare la performance in vari ambiti della vita. E mentre queste caratteristiche possono variare da individuo a individuo, è chiaro che coltivare un mindset di crescita può avere profondi benefici a livello individuale e collettivo.

Strategie di Problem-Solving: Coloro con un mindset di crescita sono inclini a utilizzare strategie di problem-solving diverse e innovative. Dato che credono nella possibilità di apprendere e svilupparsi, sono aperti a esplorare diversi approcci a una sfida, sperimentando e adattandosi finché non trovano una soluzione che funzioni.

Networking e Collaborazione: L'approccio aperto e collaborativo di coloro con un mindset di crescita spesso porta a una rete di contatti più vasta e varia. Sono disposti a condividere le proprie conoscenze e ad imparare dagli altri, il che può portare a partnership e collaborazioni che potenziano ulteriormente la loro performance.

Focalizzazione sul Processo: Mentre molte persone sono ossessionate dai risultati, coloro con un mindset di crescita tendono a concentrarsi di più sul processo. Riconoscono che è attraverso lo sforzo, la dedizione e l'applicazione che si raggiungono i risultati desiderati. Questo focus sul processo piuttosto che sul risultato finale li aiuta a godere del viaggio e a imparare lungo la strada.

Sviluppo Emozionale: Avere un mindset di crescita non riguarda solo lo sviluppo delle capacità e delle competenze. Si estende anche alla crescita emotiva. Gli individui con un mindset di crescita sono più inclini a riflettere sulle proprie emozioni, a comprenderle e a lavorare per gestirle in modo efficace.

Curiosità e Esplorazione: Una delle caratteristiche distintive del mindset di crescita è una curiosità insaziabile. Questo desiderio di esplorare e di comprendere li spinge a porsi domande, a cercare nuove esperienze e a immergersi in situazioni sconosciute, tutto ciò che può contribuire al loro sviluppo personale e professionale.

Responsabilità Personale: Invece di attribuire il successo o il fallimento a fattori esterni, coloro con un mindset di crescita tendono a prendersi la responsabilità delle proprie azioni. Questa accettazione della responsabilità personale significa che sono più propensi a prendere l'iniziativa, a fare scelte consapevoli e a perseguire attivamente i propri obiettivi.

Valutazione Costante: L'auto-riflessione è una pratica comune tra coloro con un mindset di crescita. Si prendono regolarmente del tempo per valutare dove si trovano, dove vogliono andare e quali passi devono compiere per arrivarci. Questa valutazione costante li aiuta a rimanere sulla giusta strada e a fare le necessarie correzioni di rotta.

Aspirazioni Elevate: Anche se sono realistici riguardo alle sfide che potrebbero incontrare, gli individui con un mindset di crescita tendono ad avere aspirazioni elevate. Sono disposti a sforzarsi per raggiungere i loro sogni e a non accontentarsi di meno.

Rapporto con il Tempo: Mentre alcuni potrebbero vedere il tempo come un nemico, coloro con un mindset di crescita tendono a vedere il tempo come un alleato. Riconoscono che con il tempo, attraverso la perseveranza e lo sforzo, possono sviluppare le competenze e le capacità di cui hanno bisogno.

Tutte queste sfaccettature aggiuntive del mindset di crescita mostrano come un approccio orientato alla crescita e allo sviluppo possa permeare ogni aspetto della vita di un individuo, influenzando le scelte che fa e il modo in cui interagisce con il mondo intorno a lui. La bellezza del mindset di crescita è che, mentre influisce positivamente sulla performance, influisce anche su molti altri aspetti della vita, portando a una maggiore soddisfazione, realizzazione e benessere generale.

Il potere del mindset di crescita nel potenziare la performance non può essere sottolineato abbastanza. Si tratta di una filosofia e di un approccio alla vita che va ben oltre la mera ottimizzazione della produttività o il raggiungimento di obiettivi specifici. Riguarda l'intera essenza di come una persona percepisce se stessa, il suo posto nel mondo e come queste percezioni influenzano le sue azioni.

Ambito Professionale: Nel contesto professionale, un mindset di crescita porta a una maggiore resilienza di fronte agli ostacoli, a una maggiore creatività nella risoluzione dei problemi e a una maggiore propensione al rischio calcolato, fattori chiave per l'innovazione e la leadership. Inoltre, le persone con questo tipo di mentalità sono più inclini a vedere i feedback come opportunità di crescita, piuttosto che come critiche personali. Questo permette loro di adattarsi rapidamente e di migliorare in modo continuo, mantenendo una curva di apprendimento sempre in ascesa.

Ambito Personale: A livello personale, un mindset di crescita può portare a relazioni più profonde e significative, dato che la propensione all'auto-riflessione e alla comprensione permette una comunicazione più autentica e empatica. Inoltre, la visione orientata al processo piuttosto che al risultato porta a una maggiore gratificazione nel "viaggio" della vita, piuttosto che nella mera realizzazione di "traguardi".

Confronto con il Mindset Fisso: Rispetto al suo opposto, il mindset fisso, il mindset di crescita offre un'infinità di vantaggi. Mentre il primo può limitare le potenzialità di una persona, conducendola a evitare sfide e a temere gli errori, il secondo la incoraggia ad abbracciare le incertezze e a vedere le sfide come opportunità. Questo non significa che chi ha un mindset di crescita non sperimenti fallimenti o difficoltà, ma piuttosto che vedono queste esperienze come piattaforme di apprendimento.

Integrazione nella Cultura Organizzativa: A livello organizzativo, promuovere una cultura basata sul mindset di crescita può avere effetti rivoluzionari. Può portare a team più collaborativi, a una maggiore innovazione e a dipendenti più soddisfatti e impegnati. E in un'epoca in cui la rapidità del cambiamento è l'unica costante, la capacità di adattarsi e crescere diventa il più grande asset competitivo di un'organizzazione.

In conclusione, il mindset di crescita non è solo un concetto accademico o una filosofia positiva; è un catalizzatore fondamentale per il successo e la realizzazione, sia a livello individuale che collettivo. La sua profonda influenza sulla performance è un forte promemoria che, alla fine, non sono tanto le nostre capacità innate quanto la nostra mentalità e il nostro approccio alla vita a determinare i nostri risultati. Embracing un mindset di crescita è quindi non solo una scelta, ma un imperativo per chiunque desideri realizzare appieno il proprio potenziale e navigare con successo le acque complesse del mondo moderno.

6. Il ruolo delle aspettative personali: Come ci vediamo può influenzare come agiamo.

Le aspettative personali, ovvero come ci vediamo e ci immaginiamo in relazione a noi stessi, al nostro potenziale e al nostro posto nel mondo, giocano un ruolo cruciale nella determinazione delle nostre azioni, decisioni e comportamenti. Queste aspettative agiscono come filtri attraverso i quali interpretiamo la realtà, influenzando profondamente la nostra percezione di ciò che è possibile, desiderabile e raggiungibile.
L'immagine di sé: Al centro delle aspettative personali c'è l'immagine di sé, che rappresenta come ci vediamo a livello profondo. Questa immagine può essere positiva, neutra o negativa e può variare a seconda dell'ambito della vita di cui stiamo parlando (professionale, personale, sociale, fisico, ecc.). Se ci vediamo come individui

capaci, probabilmente affronteremo le sfide con maggiore fiducia. Al contrario, se la nostra immagine di sé è distorta da insicurezze e dubbi, potremmo evitare opportunità e sfide, limitando il nostro potenziale.

Profezie autoavveranti: Le aspettative personali possono diventare profezie autoavveranti. Se ci aspettiamo di avere successo in un determinato compito o di essere ben accetti in un gruppo, ci comporteremo in modi che aumentano la probabilità che ciò accada. Al contrario, se ci aspettiamo di fallire o di essere giudicati negativamente, potremmo adottare comportamenti che rendono tali risultati più probabili, anche se inconsciamente.

Zona di comfort: Le aspettative personali influenzano anche i confini della nostra zona di comfort. Se crediamo di non essere in grado di parlare in pubblico, ad esempio, eviteremo situazioni in cui potremmo essere chiamati a farlo. Questo comportamento, a sua volta, rafforza la nostra convinzione iniziale e limita le opportunità di crescita.

Motivazione: Le aspettative giocano un ruolo chiave anche nella motivazione. Se ci aspettiamo di raggiungere un determinato obiettivo, investiremo tempo, energia e risorse per raggiungerlo. Se, invece, riteniamo che un obiettivo sia fuori dalla nostra portata, potremmo non sforzarci nemmeno di provarci.

Interazione con gli altri: Le nostre aspettative personali influenzano anche il modo in cui interagiamo con gli altri. Se ci vediamo come individui degni di amore e rispetto, cercheremo relazioni che riflettano queste convinzioni. Al contrario, se abbiamo una bassa autostima, potremmo tollerare comportamenti e situazioni che rafforzano questa visione negativa di noi stessi.

Effetto Pigmalione: A volte, le aspettative personali sono influenzate dalle aspettative degli altri. Se, ad esempio, un insegnante si aspetta che un determinato studente eccella, potrebbe inconsciamente fornire a quell'individuo più attenzione e risorse, portando effettivamente l'alunno a ottenere risultati migliori.

In sintesi, le aspettative personali sono potenti modulatori del comportamento. Modellano le nostre azioni, le nostre reazioni e la traiettoria della nostra vita. Riconoscere e riflettere su di esse può offrire profonde intuizioni sul motivo per cui agiamo in un certo modo e su come possiamo cambiare i nostri comportamenti per allinearli meglio con i nostri obiettivi e desideri reali.

Resilienza e Aspettative: Uno degli aspetti meno discussi ma fondamentali delle aspettative personali riguarda la resilienza. Una persona che ha aspettative elevate sulla propria capacità di affrontare le sfide avrà una maggiore probabilità di superare gli ostacoli. Questa convinzione nella propria resilienza non significa necessariamente che si preveda sempre il successo, ma piuttosto che si riconosce la capacità di riprendersi e imparare dai fallimenti.

Aspettative e Salute: Interessantemente, le aspettative personali hanno dimostrato di avere un impatto anche sulla salute fisica e mentale. Ad esempio, chi si aspetta di invecchiare in modo sano e attivo tende a prendersi cura di sé, adottando comportamenti salutari. D'altra parte, se una persona si aspetta che la malattia e la disabilità siano inevitabili con l'invecchiamento, potrebbe non essere altrettanto proattiva nella cura di sé.

Evoluzione delle Aspettative: È essenziale notare che le aspettative personali non sono statiche. Cambiano e si evolvono nel corso della vita a causa di esperienze, interazioni e acquisizione di nuove informazioni. Un fallimento iniziale in un'attività potrebbe abbassare le aspettative, ma un successivo successo potrebbe elevare nuovamente la fiducia.

Aspettative e Decisioni: Le decisioni che prendiamo quotidianamente sono strettamente legate alle nostre aspettative. Se ci aspettiamo che un'azione porti a un risultato positivo, siamo più propensi a scegliere quella strada. Questo vale per decisioni grandi e piccole, dalla scelta di una carriera alla decisione su cosa mangiare a pranzo.

Influenza Culturale sulle Aspettative: La cultura in cui viviamo può influenzare profondamente le nostre aspettative. Norme, valori e credenze condivise influenzano ciò che viene considerato "normale" o "desiderabile", e quindi ciò che ci aspettiamo da noi stessi e dagli altri. Una persona cresciuta in una cultura che valuta l'indipendenza e l'autosufficienza avrà aspettative diverse rispetto a qualcuno cresciuto in una cultura che enfatizza la comunità e l'interdipendenza.

Feedback e Aspettative: Il modo in cui riceviamo feedback può modellare le nostre aspettative. Se siamo costantemente elogiati per sforzi minimi, potremmo iniziare a credere che non dobbiamo lavorare duramente per ottenere risultati. Al contrario, se riceviamo sempre critiche, indipendentemente dal nostro impegno, potremmo iniziare a dubitare delle nostre capacità.

La Neuroscienza delle Aspettative: Dal punto di vista neurologico, le aspettative sono legate alla liberazione di neurotrasmettitori e ormoni. Ad esempio, quando ci aspettiamo un risultato positivo, il nostro cervello può rilasciare dopamina, un neurotrasmettitore associato al piacere e alla ricompensa. Questo rilascio può rafforzare comportamenti e azioni che conducono a risultati positivi.

Le Aspettative in un Mondo in Cambiamento: Viviamo in un'epoca di cambiamenti rapidi e spesso imprevedibili. Questa dinamica rende ancora più essenziale avere aspettative flessibili, capaci di adattarsi a nuove informazioni e circostanze.

Nel complesso, le aspettative personali sono un amalgama complesso di esperienze passate, percezioni attuali e speranze per il futuro. Sono al contempo un barometro delle nostre convinzioni interne e un predittore delle nostre future azioni.

Ruolo dell'Educazione nelle Aspettative: Sin dalla tenera età, il sistema educativo svolge un ruolo fondamentale nel modellare le aspettative degli individui. Gli insegnanti, i compagni di classe, le valutazioni e persino i programmi didattici possono influenzare ciò che gli studenti ritengono di poter ottenere. Ad esempio, un bambino elogiato per il suo talento naturale potrebbe iniziare a credere che non debba sforzarsi, mentre uno criticato ripetutamente potrebbe sviluppare una mentalità rassegnata riguardo alle proprie capacità.

Aspettative e Comportamento Sociale: Le nostre aspettative influenzano non solo le azioni individuali, ma anche le interazioni sociali. Ciò che ci aspettiamo dalle persone intorno a noi può modellare la natura delle nostre relazioni. Se, ad esempio, ci aspettiamo che gli altri siano inaffidabili o non collaborativi, potremmo adottare comportamenti difensivi che, a loro volta, possono provocare la reazione avversa che temevamo.

Tecnologia e Aspettative: In un'era dominata dalla tecnologia, le aspettative sono anche influenzate dalla nostra interazione con dispositivi e piattaforme digitali. La gratificazione immediata fornita dai social media, ad esempio, potrebbe portare ad aspettative irrealistiche sulla velocità e facilità con cui dovrebbero avvenire le cose nella vita reale.

Aspettative e Identità: Le aspettative personali sono strettamente legate al concetto di identità. Come ci vediamo e ciò che ci aspettiamo da noi stessi è spesso radicato in come ci identifichiamo in termini di genere, etnia, status socio-economico, religione e altri fattori identitari.

Il Pericolo delle Aspettative Troppo Alte: Mentre avere standard elevati può essere motivante, c'è anche il pericolo di stabilire aspettative irrealisticamente alte. Questo può portare a frustrazione, burnout e sensazioni di inadeguatezza quando tali standard non vengono raggiunti.

Mindfulness e Aspettative: Pratiche come la mindfulness e la meditazione possono aiutare gli individui a diventare più consapevoli delle loro aspettative, a riconoscere quando potrebbero essere irrealistiche o autolimitanti e a reimpostarle in modi più positivi e realistici.

Aspettative e Futuro: Mentre le aspettative si basano spesso su esperienze passate, sono fondamentalmente orientate al futuro. Riflettono ciò che crediamo sarà possibile per noi e ciò che speriamo di raggiungere. In questo senso, le aspettative sono un ponte tra il passato e il futuro, influenzando le scelte che facciamo nel presente.

L'Arte dell'Adattamento: La capacità di adattare le proprie aspettative in risposta a nuove informazioni o cambiamenti nelle circostanze è una competenza cruciale. Essere troppo rigidi nelle proprie aspettative può portare a delusioni e perdite di opportunità, mentre la flessibilità può aprire nuove possibilità e percorsi.

Aspettative e Autocompassione: È essenziale equilibrare le aspettative con un senso di autocompassione. Riconoscere che tutti, indipendentemente dalle aspettative, sono fallibili e possono incontrare ostacoli. Avere un atteggiamento compassionevole verso sé stessi in momenti di difficoltà può facilitare la resilienza e l'adattamento.

Infine, le aspettative sono come una bussola interna, guidando gli individui attraverso la complessità della vita. Tuttavia, come ogni bussola, necessitano di essere calibrate regolarmente per assicurarsi che indichino nella giusta direzione.

Conclusione sul ruolo delle aspettative personali: Come ci vediamo può influenzare come agiamo

Le aspettative personali, radicate nelle nostre esperienze, percezioni e ambizioni, svolgono un ruolo fondamentale nella definizione delle nostre azioni e reazioni quotidiane. Queste aspettative agiscono come un filtro attraverso il quale vediamo il mondo e determinano come ci relazioniamo ad esso. A un livello fondamentale, le aspettative rappresentano la nostra visione della realtà: cosa riteniamo possibile, come ci vediamo in relazione agli altri e quali risultati ci aspettiamo dalle nostre azioni.

Il sistema educativo, le interazioni sociali, la tecnologia e l'identità personale sono tutti fattori determinanti nella formazione delle aspettative. Mentre l'educazione può stabilire le basi per ciò che riteniamo di poter ottenere, le interazioni sociali modellano e rifiniscono queste credenze, sfidandole o rinforzandole. La tecnologia, soprattutto in un'era digitale, introduce nuovi standard e metriche di successo, spostando spesso la posta in gioco e modificando ciò che viene percepito come norma. La nostra identità, con tutte le sue sfaccettature, funge da lente attraverso la quale interpretiamo le aspettative, sia quelle che abbiamo per noi stessi che quelle percepite dagli altri.

È essenziale, tuttavia, riconoscere il delicato equilibrio che esiste tra avere aspettative che ci spingono a crescere e quelle che possono diventare fonti di stress e frustrazione. Aspettative irrealisticamente alte possono portare a delusioni costanti, mentre aspettative troppo basse possono limitare il nostro potenziale. La chiave è trovare una mediazione, in cui le aspettative ci motivano ma non ci soffocano, dove possiamo sforzarci di migliorare, ma senza perdere la capacità di apprezzare i nostri progressi.

La pratica della mindfulness e l'autocompassione possono servire come contromisure, aiutandoci a navigare le sfide presentate dalle aspettative.

Essere consapevoli delle proprie aspettative e trattarsi con gentilezza, specialmente in momenti di insuccesso, sono essenziali per mantenere un equilibrio sano tra aspirazione e realismo.

In sintesi, mentre le aspettative personali sono inevitabilmente formative, è la nostra consapevolezza, flessibilità e capacità di adattamento che determineranno se esse saranno un faro che ci guida o una catena che ci trattiene. La comprensione profonda di come ci vediamo e di come queste vedute influenzano le nostre azioni può essere la chiave per sfruttare al meglio il potere delle aspettative, utilizzandole come strumenti di crescita, sviluppo e realizzazione personale.

7. Effetto Pigmalione e Effetto Golem: Come le aspettative altrui possono influenzare la nostra performance.

Effetto Pigmalione e Effetto Golem: Come le aspettative altrui possono influenzare la nostra performance.
Il Contesto Storico:
Prima di esaminare l'effetto di queste aspettative, è essenziale comprendere la provenienza dei termini. Il nome "Pigmalione" proviene dalla mitologia greca. Pigmalione era un re e uno scultore che si innamorò di una delle sue statue, la quale, grazie all'intervento della dea Afrodite, prese vita. Questa storia illustra l'idea che le proprie aspettative e credenze possono, in un certo senso, "dare vita" o forma alla realtà. Dall'altro lato, l'"Effetto Golem", meno noto, deriva dalla mitologia ebraica. Un Golem è una figura creata dall'argilla e animata attraverso rituali e incantesimi, ma spesso questa creatura si rivela difficile da controllare e può diventare distruttiva. In termini psicologici, rappresenta l'idea che aspettative negative possono portare a risultati sfavorevoli.
Effetto Pigmalione:
Questo effetto si manifesta quando le alte aspettative di una persona riguardo un'altra influenzano positivamente la performance di

quest'ultima. È stato ampiamente studiato nel contesto educativo: se un insegnante si aspetta che un particolare studente eccella, è probabile che fornirà a quel discente più attenzione, incoraggiamento e risorse. Come risultato, lo studente ha maggiori probabilità di migliorare e avere successo, a causa delle aspettative positive dell'insegnante.

Effetto Golem:

Al contrario, l'Effetto Golem si riferisce alle circostanze in cui aspettative basse portano a una diminuzione delle prestazioni. Se un insegnante si aspetta che uno studente faccia poca strada, potrebbe involontariamente trascurare, sminuire o persino ostacolare quel discente, portando a una profezia che si autoavvera in termini di scarsa performance.

Implicazioni e Interazioni Sociali:

Questi effetti non sono limitati al contesto educativo. Possono manifestarsi in vari ambienti, come sul posto di lavoro, in squadre sportive, e nelle relazioni personali. Ad esempio, un capo che crede fortemente nelle capacità di un dipendente potrebbe fornire più opportunità e sostegno, il che può portare a una maggiore crescita e successo per il dipendente.

Mecccanismi Sottostanti:

Le aspettative, sia positive che negative, possono influenzare il comportamento non solo attraverso il trattamento diretto ma anche attraverso segnali non verbali, feedback sottili e la quantità e qualità delle interazioni. Queste aspettative possono anche influenzare l'autostima e l'autoefficacia dell'individuo, che a loro volta giocano un ruolo cruciale nel determinare la motivazione e l'impegno.

L'Importanza della Consapevolezza:

Riconoscere l'effetto Pigmalione e l'Effetto Golem è fondamentale per chiunque si trovi in una posizione di leadership o autorità. La consapevolezza di questi fenomeni può aiutare a controllare i pregiudizi inconsci e a garantire che le aspettative siano basate su valutazioni obiettive piuttosto che su percezioni distorte.

Conclusione:

L'Effetto Pigmalione e l'Effetto Golem evidenziano il potere delle aspettative altrui nel modellare il comportamento e le prestazioni. Questa consapevolezza sottolinea l'importanza di nutrire credenze positive e di evitare di proiettare aspettative negative sugli altri, in quanto queste possono avere un impatto reale e duraturo sulle loro vite.

Il Ruolo dell'Empatia e dell'Intelligenza Emotiva:

Quando parliamo dell'Effetto Pigmalione e dell'Effetto Golem, non possiamo ignorare l'importanza dell'empatia e dell'intelligenza emotiva nel comprendere e modulare le aspettative altrui. L'empatia ci permette di metterci nei panni degli altri e di comprendere i loro sentimenti e le loro prospettive. Quando una persona è empatica, è più probabile che tenga conto delle necessità, delle aspirazioni e delle paure dell'individuo. Questo può portare a formare aspettative che sono più allineate alle reali capacità e potenziali di una persona, piuttosto che basate su pregiudizi o percezioni superficiali.

L'intelligenza emotiva, d'altra parte, riguarda la nostra capacità di riconoscere, comprendere e gestire le nostre emozioni e quelle degli altri. Una persona con alta intelligenza emotiva può percepire se le proprie aspettative stanno influenzando negativamente qualcun altro e può regolare il proprio comportamento di conseguenza. Può anche riconoscere quando le aspettative degli altri stanno influenzando le proprie azioni e può cercare modi per affrontare o mitigare questi effetti.

La Società e le Aspettative Culturali:
Le aspettative non sono solo influenzate dalle interazioni individuali; sono anche modellate dalle norme e dai valori culturali. In diverse società e comunità, ci sono aspettative culturali riguardo a ciò che è considerato un "successo" o un "fallimento", e queste possono influenzare fortemente come gli individui si vedono e come gli altri li vedono. Ad esempio, in alcune culture, il successo può essere strettamente legato all'istruzione formale, mentre in altre può essere basato sulla capacità di una persona di sostenere la sua famiglia.

La Psicologia dell'Autoavverarsi:
C'è un aspetto profondo e spesso sottovalutato legato all'Effetto Pigmalione e all'Effetto Golem, ed è la psicologia dell'autoavverarsi. Quando le persone credono fermamente in qualcosa, tendono a comportarsi in modi che rendono quella credenza una realtà. Ad esempio, se un individuo è convinto che non sarà mai bravo in matematica a causa delle aspettative negative di un insegnante, potrebbe non impegnarsi a fondo, evitare le sfide e non cercare aiuto quando ha difficoltà, rendendo così vera la credenza iniziale.

L'Influenza dei Media e della Tecnologia:
Viviamo in un'epoca in cui siamo costantemente
bombardati da immagini, storie e informazioni
attraverso i media e la tecnologia. Questi possono
avere un impatto significativo sulle aspettative
che abbiamo per noi stessi e per gli altri. Ad
esempio, i media possono perpetuare stereotipi
su genere, etnia, classe sociale e altre categorie,
che a loro volta possono influenzare le aspettative
delle persone in maniera profonda e sottile.

Effetti a Lungo Termine:
Mentre gli effetti immediati delle aspettative
altrui possono essere evidenti, c'è anche da
considerare l'impatto a lungo termine. Le
aspettative, sia positive che negative, possono
avere effetti duraturi sulla psicologia di un
individuo, sul suo comportamento e sulle sue
scelte di vita. Questo può manifestarsi in vari
modi, dal percorso di carriera scelto, alle
relazioni formate, alla salute mentale e fisica.

La Biologia dell'Aspettativa:
Le aspettative non sono solo costrutti psicologici;
hanno anche una base biologica. Quando ci
aspettiamo un certo risultato, il nostro cervello
inizia a prepararsi per quella eventualità. Ad
esempio, se ci aspettiamo una ricompensa, il
nostro sistema dopaminergico (legato al piacere e
alla ricompensa) può attivarsi. Se le aspettative

sono continuamente soddisfatte o deluse, possono formarsi nuovi percorsi neurali nel cervello, rendendo certe risposte o comportamenti più automatici.

Interazione con l'Autoefficacia:

L'autoefficacia, concetto introdotto dallo psicologo Albert Bandura, si riferisce alla convinzione di una persona nella propria capacità di compiere determinate azioni e raggiungere determinati risultati. Le aspettative degli altri possono influenzare la percezione di autoefficacia di un individuo. Se, per esempio, un mentore esprime fiducia nelle capacità di un apprendista, quest'ultimo potrebbe sviluppare una maggiore autoefficacia in quell'area specifica.

Dinamiche di Gruppo:

Le aspettative degli altri non operano solo a livello individuale. In un contesto di gruppo, come un team di lavoro o una classe scolastica, le aspettative collettive possono formare una cultura di gruppo. Questa cultura può stabilire standard per la performance, il comportamento e l'interazione. Se un gruppo ha aspettative elevate e un forte senso di solidarietà, gli individui possono sentirsi più motivati a dare il massimo. Al contrario, un gruppo con aspettative basse potrebbe inibire la crescita e l'innovazione.

Il Fattore Temporale:
Le aspettative non sono statiche; possono evolversi nel tempo in base alle esperienze e alle interazioni. Un individuo che ha avuto una serie di esperienze negative potrebbe abbassare le proprie aspettative per proteggersi dalla delusione. D'altro canto, esperienze positive inaspettate possono elevare le aspettative per il futuro. Questa dinamica può essere particolarmente evidente nelle relazioni interpersonali, dove le azioni e le parole di una persona possono continuamente modellare e riformare le aspettative dell'altra.

Il Ruolo dei Pregiudizi Inconsci:
Spesso, le aspettative si basano su pregiudizi inconsci che possono riguardare genere, età, origine etnica, status socio-economico, ecc. Questi pregiudizi possono derivare da socializzazioni precedenti, esperienze passate, o rappresentazioni mediatiche. Essere consapevoli di questi pregiudizi e interrogarsi attivamente sulle proprie aspettative può aiutare a ridurre la loro influenza.

Ambienti Digitali e Virtuali:
In un'era sempre più digitalizzata, le aspettative possono essere modellate anche in ambienti virtuali. Ad esempio, le interazioni sui social media possono influenzare le percezioni e le aspettative che abbiamo di noi stessi e degli altri.

La rappresentazione di sé online e le reazioni che riceviamo (like, commenti, condivisioni) possono rafforzare o sfidare le aspettative esistenti.

Le aspettative in diverse fasi della vita:
Le aspettative possono variare anche in base alla fase della vita in cui ci troviamo. Ad esempio, le aspettative per un adolescente potrebbero riguardare le prestazioni scolastiche e la socializzazione, mentre per un adulto potrebbero essere legate alla carriera o alla famiglia. Riconoscere e adattare le aspettative in base al contesto vitale può portare a una maggiore soddisfazione e benessere.

Conclusione: Effetto Pigmalione e Effetto Golem nell'Ecologia delle Aspettative

Gli esseri umani sono intricatamente intrecciati in una rete di aspettative, che possono sia elevarci che limitarci. L'Effetto Pigmalione e l'Effetto Golem, come abbiamo esplorato, sono manifestazioni potenti di come le aspettative esterne, provenienti da coloro che ci circondano, possano influenzare il nostro comportamento e la nostra performance in modi a volte sorprendentemente profondi.

1. Origini e Implicazioni:
L'Effetto Pigmalione ha le sue radici nella mitologia greca, rappresentando la potenza della fede e dell'aspettativa. La storia di Pigmalione, che si innamora di una statua da lui creata e che poi prende vita attraverso il suo desiderio, simboleggia la capacità delle aspettative di dare forma alla realtà. Parallelamente, l'Effetto Golem ci mostra il lato oscuro delle aspettative - come le basse aspettative possono restringere il potenziale e soffocare le capacità.

2. Dinamica Sociale e Interpersonale:
Le aspettative non sono semplicemente individuali; sono profondamente intrecciate nella trama del tessuto sociale. Sia in piccoli gruppi, come famiglie o squadre, sia in comunità più ampie, le aspettative stabiliscono norme, guidano interazioni e influenzano decisioni. Le aspettative positive possono creare un ambiente di sostegno, motivazione e crescita, mentre le aspettative negative possono generare insicurezza, paura e stagnazione.

3. Comprensione e Crescita:
Riconoscere l'importanza delle aspettative e la loro pervasività è il primo passo per comprenderle e, infine, per plasmarle in modo produttivo. La consapevolezza dei propri pregiudizi inconsci, delle proprie esperienze passate e delle influenze culturali può aiutare gli

individui a interrogarsi sulle proprie aspettative e su come potrebbero essere migliorate.

4. Futuro e Impatto:

Mentre procediamo in un mondo sempre più interconnesso e digitalizzato, le aspettative continueranno a svolgere un ruolo fondamentale nella formazione dell'identità, nelle interazioni e nelle aspirazioni delle persone. Comprendere l'Effetto Pigmalione e l'Effetto Golem in questo contesto più ampio è essenziale per promuovere comunità resilienti, inclusive e in evoluzione.

In conclusione, gli effetti delle aspettative, sia positive che negative, sono immensi e pervadono ogni aspetto della vita umana. Prendersi il tempo per riflettere, comprendere e, dove necessario, ricalibrare le proprie aspettative e quelle degli altri può fare la differenza tra un'esistenza limitata da percezioni ristrette e una vita vissuta in pienezza, arricchita da possibilità infinite.

8. La Paura del Fallimento e come superarla.

La Paura del Fallimento e come superarla.
1. Comprendere la Paura del Fallimento:
La paura del fallimento, nota anche come "atichifobia", è una preoccupazione intensa o persistente di non riuscire a soddisfare le aspettative personali o altrui. È legata all'ansia, alla bassa autostima, alla procrastinazione e può influenzare negativamente la motivazione e le prestazioni. Questa paura può derivare da esperienze passate, pressioni sociali o aspettative irrealistiche che ci poniamo.

2. Origini della Paura:
Le origini della paura del fallimento possono essere rintracciate in esperienze passate di insuccesso, critica o umiliazione. Queste esperienze possono aver creato un legame nella mente tra il tentativo e l'insuccesso, portando a evitare future opportunità o sfide per paura di ripetere l'esperienza negativa.

3. Effetti della Paura del Fallimento:
Questa paura può manifestarsi in vari modi:

- Evitamento: si evitano situazioni in cui si teme di fallire.
- Procrastinazione: si rimandano le cose per evitare di affrontarle.
- Perfezionismo: si cerca la perfezione come mezzo per evitare critiche o insuccessi.

- Autosabotaggio: ci si mette inconsciamente in situazioni di fallimento per confermare le proprie credenze limitanti.

4. L'importanza dell'Errore:
L'errore è una componente naturale e inevitabile del processo di apprendimento. Attraverso gli errori, si scoprono nuove strategie, si affinano le abilità e si maturano come individui. La società, tuttavia, tende spesso a penalizzare l'errore, contribuendo a creare un ambiente in cui la paura del fallimento prospera.

5. Strategie per Superare la Paura del Fallimento:

- **Rivalutazione Cognitiva**: Si tratta di cambiare il proprio modo di pensare in merito al fallimento. Invece di vederlo come qualcosa da evitare, vederlo come un'opportunità per crescere e imparare.

- **Impostazione di Obiettivi Realistici**: Questo aiuta a ridurre la pressione e le aspettative, rendendo i compiti più gestibili.

- **Affrontare la Paura Direttamente**: Esponendosi gradualmente a situazioni temute, è possibile desensibilizzare la paura e costruire fiducia nelle proprie capacità.

- **Mindfulness e Meditazione**: Queste pratiche possono aiutare a centrarsi, ridurre l'ansia e accettare la realtà senza giudizio.

- **Terapia**: La terapia cognitivo-comportamentale può essere particolarmente efficace nel trattare la paura del fallimento, poiché aiuta a identificare e sfidare i pensieri negativi.
- **Celebrazione dei Piccoli Successi**: Riconoscere e celebrare anche le piccole vittorie lungo il percorso può aumentare la fiducia e ridurre la paura.

6. Storie di Successo:

Ci sono innumerevoli storie di individui di successo che hanno affrontato e superato la loro paura del fallimento. Personaggi come Thomas Edison, J.K. Rowling e Michael Jordan hanno tutti affrontato insuccessi prima di raggiungere il successo. Le loro storie possono servire come ispirazione e dimostrazione del fatto che il fallimento non è la fine, ma piuttosto una tappa nel percorso verso il successo.

Conclusione:

La paura del fallimento è un'emozione universale che tutti, in qualche momento della vita, hanno sperimentato. Tuttavia, è essenziale riconoscere che il fallimento non è un riflesso del proprio valore o delle proprie capacità. Con le strategie e gli strumenti giusti, è possibile superare questa paura, abbracciare l'incertezza e avanzare con fiducia verso i propri obiettivi e sogni. Il fallimento non è un ostacolo, ma un gradino verso la realizzazione di sé.

La paura del fallimento, come si evince da numerosi studi psicologici, è una delle emozioni più prevalenti tra gli esseri umani. Può nascere da varie fonti e manifestarsi in svariati modi, influenzando profondamente le nostre decisioni, le nostre relazioni e la percezione di noi stessi. Ecco una visione più approfondita:

Impatto Culturale e Sociale:

Le culture differiscono nel modo in cui percepiscono il fallimento. In alcune società, il fallimento è visto come una vergogna o una macchia sulla reputazione della famiglia, il che può aumentare ulteriormente la pressione su un individuo. In altre culture, il fallimento è considerato una fase normale dell'apprendimento. Ad esempio, nella cultura imprenditoriale della Silicon Valley, "fallire velocemente" è una sorta di motto, poiché si riconosce che ogni tentativo porta a una maggiore comprensione e potenziale successo in futuro.

Influenza sull'Identità Personale:

La percezione individuale del fallimento può modellare profondamente la propria identità. Alcune persone possono interiorizzare il fallimento, credendo che se non riescono in un compito, ciò significa che sono un fallimento come individuo. Questa fusione tra fallimento e identità personale può portare a sentimenti di inadeguatezza e depressione.

Paura del Giudizio:

Una componente significativa della paura del fallimento è la paura del giudizio. Questo può derivare dalla preoccupazione di come gli altri ci vedranno o ci valuteranno in caso di insuccesso. Può anche essere legato alla paura di deludere persone significative come genitori, insegnanti o mentori.

Il Ruolo dei Social Media:

Viviamo in un'epoca in cui i successi vengono ampiamente pubblicizzati sui social media. Questa continua esposizione ai successi altrui, spesso senza vedere le lotte o i fallimenti che hanno preceduto quel successo, può distorcere la percezione della realtà e aumentare la pressione di avere successo.

Strategie di Coping:
Alcune persone sviluppano strategie di coping per gestire la paura del fallimento. Ad esempio, potrebbero evitare completamente le situazioni a rischio o cercare di controllare eccessivamente ogni dettaglio per prevenire possibili insuccessi. Altri possono utilizzare meccanismi di difesa come la razionalizzazione, minimizzando l'importanza di una determinata attività o sfida per ridurre l'ansia associata al potenziale insuccesso.

Reinterpretazione del Fallimento:
Il modo in cui interpretiamo e attribuiamo significato al fallimento può influenzare profondamente come lo sperimentiamo. Ad esempio, considerare un fallimento come un feedback o come un'opportunità di apprendimento può ridurre la negatività associata all'esperienza. Da questo punto di vista, il fallimento diventa meno una valutazione del proprio valore e più un indicatore di aree in cui è possibile crescere.

Ruolo dei Modelli di Riferimento:
Avere modelli di riferimento, specialmente quelli che condividono apertamente le loro esperienze di fallimento e come sono riusciti a superarle, può essere estremamente benefico. Ascoltare le storie di altre persone e comprendere che il fallimento è una parte normale del percorso di

vita può aiutare a normalizzare queste esperienze e ridurre la paura associata.

Effetti Psicologici della Paura del Fallimento:

La paura del fallimento non è solo un concetto astratto; ha effetti psicologici tangibili. Può causare ansia, stress e persino sintomi fisici come palpitazioni, sudorazione eccessiva e tensione muscolare. Questa ansia anticipatoria può portare a un ciclo di evitamento, in cui l'individuo evita attivamente situazioni che potrebbero portare al fallimento, limitando le proprie opportunità.

Paralisi da Analisi:

Un altro effetto collaterale della paura del fallimento è la "paralisi da analisi". Questo si verifica quando una persona diventa così preoccupata per ogni dettaglio di un compito che finisce per non fare nulla. Pensa troppo a ogni possibile esito negativo o a ogni errore potenziale, e alla fine può sentirsi sopraffatta e incapace di agire.

Ruolo delle Esperienze Passate:

Le esperienze passate possono giocare un ruolo fondamentale nella formazione della paura del fallimento. Se un individuo ha vissuto ripetuti fallimenti in passato, specialmente in situazioni in cui c'era molta pressione, può sviluppare un'aspettativa negativa per le sfide future. Al contrario, se ha affrontato le sfide passate con resilienza e ha usato i fallimenti come opportunità di apprendimento, potrebbe avere una maggiore fiducia nelle proprie capacità di affrontare future sfide.

Effetti sulla Motivazione:
La paura del fallimento può influenzare la motivazione di un individuo. In alcuni casi, può servire come catalizzatore, spingendo la persona a lavorare più duramente e a prepararsi meglio. Tuttavia, in molti altri casi, può smorzare la motivazione, facendo sentire l'individuo come se non avesse senso nemmeno provare.

L'Auto-sabotaggio:
Alcune persone, di fronte alla prospettiva del fallimento, possono auto-sabotarsi. Ciò può includere comportamenti come procrastinare, non prepararsi adeguatamente o addirittura sabotare intenzionalmente le proprie chances di successo. Questo può sembrare controintuitivo, ma per alcune persone, è preferibile sapere che hanno fallito a causa del loro stesso sabotaggio piuttosto che affrontare la possibilità di fallire nonostante abbiano dato il massimo.

Relazione con la Perfezione:
La paura del fallimento è strettamente legata al perfezionismo. Gli individui perfezionisti spesso temono il fallimento perché lo vedono come una

riflessione diretta del loro valore. Sentono che devono fare tutto perfettamente e che qualsiasi errore o imperfezione è inaccettabile. Questa pressione auto-imposta può intensificare la paura del fallimento e renderla ancora più paralizzante.

Paura del Successo:

Curiosamente, la paura del fallimento può a volte essere legata alla paura del successo. Alcuni individui temono che, se avranno successo in qualcosa, ci saranno aspettative più elevate per loro in futuro, e potrebbero non essere in grado di soddisfarle. Ciò può portare a un ciclo in cui l'individuo teme sia il fallimento che il successo, trovandosi intrappolato in uno stato di inazione.

Coping e Strategie di Evitamento:
Una delle principali reazioni alla paura del
fallimento è l'adozione di strategie di coping o
evitamento. Ad esempio, uno studente che ha
paura di non passare un esame potrebbe evitare
di studiare del tutto, pensando che se fallisce
avendo studiato poco, il fallimento sarà meno
doloroso che se avesse provato duramente e
avesse comunque fallito. Questo tipo di
comportamento, seppur difensivo, può avere
gravi conseguenze sul rendimento effettivo e
sulla crescita personale.

Confronto Sociale:
In una società sempre più connessa e
competitiva, il confronto sociale è inevitabile. Le
piattaforme di social media, in particolare,
esacerbano questo fenomeno, mostrando
frequentemente le versioni ideali e curate delle
vite altrui. Ciò può intensificare la paura del
fallimento, specialmente quando gli individui
iniziano a confrontare i propri successi e
insuccessi con quelli degli altri, sentendosi
inadeguati se non riescono a tenere il passo o a
superare le aspettative sociali.

Impatto sulla Salute Mentale:
La paura cronica del fallimento non è solo un
ostacolo alla performance; può avere
ripercussioni sulla salute mentale. L'ansia e lo
stress cronico legati alla paura del fallimento
possono portare a problemi come depressione,
disturbi d'ansia e burnout. La costante
autocritica e la ruminazione sugli errori passati
possono erodere l'autostima e la fiducia in se
stessi.

Effetti sulle Relazioni Interpersonali:
La paura del fallimento può influire anche sul
modo in cui interagiamo con gli altri. Chi ha una
profonda paura del fallimento potrebbe ritirarsi
dalle interazioni sociali, evitare di assumersi
rischi in relazioni o lavori di gruppo, o potrebbe
diventare eccessivamente dipendente da altri per
rassicurazione e approvazione. Questo può
portare a dinamiche tossiche, come dipendenza
emotiva o evitamento di conflitti.

Prospettiva Temporale:
La nostra prospettiva temporale - come vediamo
il passato, il presente e il futuro - può influenzare
la nostra paura del fallimento. Coloro che sono
eccessivamente concentrati sul passato
potrebbero rimanere bloccati negli errori e nei
fallimenti precedenti. D'altro canto, essere
eccessivamente preoccupati per il futuro può
portare a eccessiva preoccupazione e ansia

anticipatoria. Trovare un equilibrio e imparare a vivere nel presente può essere una chiave per affrontare efficacemente la paura del fallimento.

Cultura e Società:

La cultura e il contesto sociale in cui viviamo possono modellare la nostra visione del fallimento. In alcune culture, il fallimento può essere visto come una vergogna o un segno di debolezza. In altre, potrebbe essere considerato come una normale parte del processo di apprendimento e crescita. Comprendere e riconoscere l'influenza della cultura sulle nostre percezioni può aiutarci a navigare e gestire meglio la nostra paura del fallimento.

Conclusione sul Punto "La Paura del Fallimento e come superarla":

La paura del fallimento è una componente universale della condizione umana, radicata nelle nostre esperienze passate, nel contesto culturale, nelle interazioni sociali e nella nostra psicologia individuale. Questa paura, pur essendo naturale, può avere effetti pervasivi sul nostro comportamento, sulle nostre decisioni e sulle nostre relazioni con gli altri.

Dalla paralisi da analisi alla procrastinazione, dal ritiro sociale all'auto-sabotaggio, la paura del fallimento può manifestarsi in numerosi modi che ostacolano la nostra capacità di raggiungere il nostro pieno potenziale. Tuttavia, riconoscere la presenza di questa paura è il primo passo per affrontarla. Mentre il confronto sociale, amplificato dai media moderni, può intensificare questa paura, è essenziale ricordare che ogni individuo ha un percorso unico e che il fallimento, in molti contesti, è solo una tappa temporanea nel viaggio dell'apprendimento e della crescita.

Alcuni modi per superare la paura del fallimento includono:

1. **Riframing del Fallimento**: Invece di vederlo come un verdetto finale sulle proprie capacità, considerarlo come un'opportunità di apprendimento e crescita.

2. **Mindfulness e Presenza**: Essere nel momento presente può aiutare a ridurre l'ansia anticipatoria e a concentrarsi sul compito a portata di mano.

3. **Sostegno Sociale**: Parlare delle proprie paure e preoccupazioni con amici fidati, familiari o professionisti può offrire prospettive diverse e strategie di coping.

4. **Stabilire Obiettivi Realistici**: Invece di puntare sempre al perfetto, stabilire obiettivi che sono sfidanti ma raggiungibili può aiutare a costruire fiducia e momentum.

5. **Auto-compassione**: Essere gentili con se stessi, riconoscendo che l'errore e il fallimento sono parti inevitabili della vita umana.

In conclusione, la paura del fallimento, pur essendo una barriera significativa, non è insormontabile. Attraverso la comprensione, l'accettazione e l'adozione di strategie mirate, possiamo reindirizzare questa paura, trasformandola da un ostacolo in un trampolino di lancio verso una maggiore resilienza, apprendimento e successo personale. La chiave risiede non nell'evitare il fallimento, ma nell'abbracciarlo come parte integrante del viaggio verso l'eccellenza e l'autorealizzazione.

9. Il potere della visualizzazione e dell'auto-conversazione positiva.

Il potere della visualizzazione e dell'auto-conversazione positiva:
Visualizzazione:
La visualizzazione è una pratica attraverso la quale gli individui immaginano mentalmente specifici eventi o situazioni. Questa tecnica è stata utilizzata in vari ambiti, dallo sport alla psicoterapia, e ha dimostrato di avere un impatto concreto sulle prestazioni e sull'atteggiamento di un individuo.

1. **Neuroscienza della Visualizzazione**: Studi neurologici hanno dimostrato che quando immaginiamo un'azione nella nostra mente, gli stessi circuiti neurali vengono attivati come se stessimo effettivamente svolgendo quell'azione. Ciò significa che attraverso la visualizzazione possiamo "allenare" il nostro cervello e prepararlo per situazioni reali.

2. **Uso nello Sport**: Gli atleti di alto livello utilizzano spesso la visualizzazione per immaginare se stessi mentre eseguono perfettamente una specifica azione o tecnica. Questo non solo aiuta a rafforzare la connessione mente-corpo ma serve anche a costruire fiducia.

3. **Preparazione alla Performance**: Oltre allo sport, la visualizzazione può essere utilizzata per prepararsi a qualsiasi tipo di performance, sia che si tratti di un discorso pubblico, di un esame o di un colloquio di lavoro. Immaginare successi futuri può effettivamente aiutare a rendere tali successi una realtà.

Auto-conversazione positiva:
L'auto-conversazione è il dialogo interno che conduciamo con noi stessi. Questo dialogo può essere positivo o negativo e ha un'influenza profonda sul nostro stato d'animo, sulla nostra autostima e sulle nostre prestazioni.

1. **Impatto sul Comportamento**: Ciò che ci diciamo spesso determina come ci sentiamo e come agiamo. Un'auto-conversazione negativa può limitare le nostre capacità e impedirci di prendere iniziative o affrontare nuove sfide. Al contrario, un'auto-conversazione positiva può potenziare le nostre azioni, rafforzare la nostra fiducia e aiutarci a superare ostacoli.

2. **Risposta allo Stress**: Quando ci troviamo di fronte a situazioni stressanti, l'auto-conversazione positiva può essere un potente strumento per gestire lo stress e mantenere la calma. Ricordare a se stessi i propri punti di forza o ripetere affermazioni positive può aiutare a ridurre l'ansia e a focalizzarsi sul compito a portata di mano.

3. **Riqualificazione Cognitiva**: Questa è una tecnica attraverso la quale gli individui imparano a identificare e sfidare pensieri negativi automatici e a sostituirli con pensieri più positivi e realistici. Attraverso la riqualificazione cognitiva, possiamo effettivamente "riscrivere" il nostro dialogo interno.

In sintesi, sia la visualizzazione sia l'auto-conversazione positiva sono potenti strumenti psicologici che possono aiutare gli individui a migliorare le loro prestazioni e a raggiungere i loro obiettivi. Quando utilizzati insieme, questi strumenti possono fornire un sostegno significativo nel percorso di realizzazione personale e professionale.

La visualizzazione e l'auto-conversazione positiva sono, in molti modi, arti interconnesse che operano in simbiosi per potenziare la nostra autopercezione e il nostro rendimento. Esploriamole ulteriormente:

Radici storiche e culturali:

L'idea di visualizzare successi e risultati positivi non è nuova. In molte tradizioni spirituali e filosofiche antiche, ci sono riferimenti alla pratica di "vedere con la mente" o "conversare con sé stessi". Ad esempio, gli antichi greci spesso parlavano dell'importanza della "meditatio", un processo di riflessione interna e di contemplazione.

Nelle culture orientali, pratiche come la meditazione e la visualizzazione sono state integranti per millenni. Questi metodi erano e sono utilizzati per affinare la mente, prepararla per sfide future e per raggiungere uno stato di equilibrio interno.

Dall'Immaginazione alla Realizzazione: Quando visualizziamo, in un certo senso, ci stiamo concedendo il permesso di sperimentare una realtà desiderata nella nostra mente. Questa "prova mentale" può avere un impatto sorprendente sulla realtà fisica. Molti studi hanno dimostrato che le persone che visualizzano regolarmente il successo in un'attività specifica tendono a raggiungere risultati migliori rispetto a quelle che non lo fanno.

Ma la visualizzazione non riguarda solo la mera immaginazione. Si tratta di evocare emozioni positive e di sentire realmente nella propria mente e nel proprio corpo ciò che si desidera sperimentare nella realtà.

Oltre le Affermazioni Positiva: L'auto-conversazione positiva non si riduce semplicemente a ripetere affermazioni positive. Si tratta di costruire una comprensione profonda e autentica di sé, riconoscendo le proprie forze, sfide, desideri e paure. Questa conversazione interna costruttiva può fornire una guida chiara durante i momenti di dubbio o incertezza.

L'importanza dell'Emozione:

Uno degli aspetti cruciali sia della visualizzazione che dell'auto-conversazione è l'emozione. Le emozioni sono potenti catalizzatori per l'azione. Quando le persone si sentono emotivamente coinvolte in ciò che visualizzano o nelle affermazioni che si dicono, è più probabile che queste pratiche abbiano un impatto tangibile.

Resilienza e Adattabilità:

Una delle maggiore forze di queste pratiche risiede nella loro capacità di costruire resilienza. Quando si affrontano ostacoli o contraccolpi, la capacità di visualizzare superare questi ostacoli e di riaffermare la propria autostima attraverso l'auto-conversazione positiva può essere la chiave per rimanere flessibili e adattabili.

Incorporando queste tecniche nella nostra routine quotidiana, possiamo non solo potenziare le nostre prestazioni ma anche migliorare la nostra salute mentale, ridurre lo stress e sviluppare un senso più profondo di soddisfazione e appagamento nella nostra vita quotidiana.

Strumenti Neuropsicologici:
Dal punto di vista neuropsicologico, la visualizzazione e l'auto-conversazione positiva hanno radici profonde nel funzionamento del nostro cervello. La visualizzazione, in particolare, sfrutta l'attività dei neuroni specchio, cellule nervose che si attivano sia quando compiamo un'azione che quando la osserviamo o la immaginiamo. Questo significa che, a livello neuronale, immaginare un'azione può essere quasi paragonabile a eseguirla realmente.
La risonanza magnetica funzionale (fMRI) ha mostrato che quando visualizziamo, molte delle stesse aree cerebrali si attivano come se stessimo realmente vivendo l'esperienza. Questa sovrapposizione tra immaginazione e azione reale può spiegare perché la visualizzazione può essere così potente nello stimolare le capacità motorie, le abilità cognitive e le reazioni emotive.
Auto-Conversazione e Neuroplasticità:
La neuroplasticità si riferisce alla capacità del cervello di ristrutturare e riformare le connessioni neurali in risposta all'esperienza. L'auto-conversazione positiva può influenzare la neuroplasticità. Quando pratichiamo regolarmente l'auto-conversazione positiva, incoraggiamo il nostro cervello a formare nuove connessioni neurali che supportano pensieri e credenze costruttivi. Nel tempo, questo può avere

l'effetto di "riscrivere" schemi di pensiero negativi o autolimitanti.

Visualizzazione e Sport:

La visualizzazione è ampiamente utilizzata nel mondo dello sport. Gli atleti spesso utilizzano la visualizzazione per "allenarsi" mentalmente, immaginando se stessi mentre eseguono perfettamente una determinata manovra o tecnica. Questo tipo di pratica mentale può migliorare la precisione, la velocità e l'efficacia delle loro performance reali.

L'auto-conversazione positiva, inoltre, è uno strumento prezioso per gli atleti, poiché può aiutare a mantenere la concentrazione, rafforzare la determinazione e combattere l'ansia da prestazione.

Pratiche Quotidiane:

Integrare la visualizzazione e l'auto-conversazione positiva nella routine quotidiana può sembrare un compito arduo all'inizio, ma in realtà può essere semplice. Può bastare dedicare alcuni minuti al giorno a chiudere gli occhi e immaginare positivamente una situazione futura o ripetersi affermazioni costruttive.

Oltre l'Individuale: Effetti sull'Intorno:

La pratica regolare della visualizzazione e dell'auto-conversazione positiva non beneficia solo l'individuo ma può avere un impatto positivo anche sulle persone intorno. Un individuo che

pratica queste tecniche tende ad avere un
approccio più positivo e costruttivo verso gli altri,
che può influire positivamente sull'ambiente di
lavoro, sulla dinamica familiare o su qualsiasi
altro contesto sociale.

Sfide e Limitazioni:
Come con qualsiasi pratica, ci sono sfide e
limitazioni. Ad esempio, l'eccessiva
visualizzazione senza un'azione concreta può
portare alla paralisi per analisi. Allo stesso modo,
l'auto-conversazione positiva non deve diventare
un modo per evitare di affrontare le reali sfide o
problemi. È essenziale bilanciare queste pratiche
con azioni concrete e soluzioni orientate ai
problemi.

Biochimica della Visualizzazione:
La visualizzazione può influenzare anche la
biochimica del corpo. Quando immaginiamo
scenari positivi o risultati di successo, il corpo
tende a rilasciare neurotransmettitori come la
serotonina e la dopamina, che sono associati a
sensazioni di felicità e benessere. Questo rilascio
chimico può spiegare perché la visualizzazione
può spesso migliorare l'umore e aumentare la
motivazione.

L'Auto-conversazione e la Formazione dell'Io:

Ogni volta che ci parliamo, stiamo anche costruendo e riformando la nostra identità. La narrazione che facciamo di noi stessi, sia internamente che esternamente, forma la nostra auto-percezione. L'auto-conversazione positiva non solo aiuta a modellare la nostra mentalità ma contribuisce anche alla creazione di una versione di noi stessi più resiliente, ottimista e determinata.

Tecniche di Visualizzazione Avanzata:

Oltre alla semplice visualizzazione di scenari positivi, ci sono tecniche avanzate che possono essere impiegate per un effetto maggiore. Una di queste è la visualizzazione guidata, dove un individuo viene guidato attraverso una serie di scenari dettagliati, spesso con l'aiuto di un terapeuta o di registrazioni audio. Un'altra tecnica è la meditazione di visualizzazione, che combina principi di meditazione tradizionale con pratiche di visualizzazione per rafforzare l'attenzione e la focalizzazione.

L'Auto-Conversazione in Varie Culture:

Sebbene l'auto-conversazione sia universale, il modo in cui è percepita e praticata può variare notevolmente tra le diverse culture. In alcune culture, ad esempio, esiste una forte enfasi sull'umiltà e sull'evitare di auto-elevarsi, il che potrebbe influenzare il tipo e il tono dell'auto-conversazione. Tuttavia, in molte di queste stesse culture, l'auto-conversazione positiva può manifestarsi come un profondo senso di gratitudine o connessione con il mondo circostante.

Visualizzazione e Neuroscienze:
Con la progressiva evoluzione delle neuroscienze, stiamo iniziando a comprendere meglio come la visualizzazione influisce sul cervello. Per esempio, la visualizzazione di movimenti fisici può attivare le stesse aree del cervello che si illuminano quando quei movimenti sono realmente eseguiti. Questo ha implicazioni profonde per la riabilitazione fisica, dove la visualizzazione può essere utilizzata come uno strumento per aiutare i pazienti a recuperare da lesioni.

Limiti dell'Auto-Conversazione Positiva:
Nonostante i suoi numerosi benefici, è importante riconoscere che l'auto-conversazione positiva non è una panacea. Non può, da sola, risolvere problemi profondamente radicati o sostituire la necessità di un intervento terapeutico in situazioni di grave disagio mentale. Inoltre, può esistere il rischio di cadere in un'illusione di ottimismo eccessivo, dove si ignora la realtà o si minimizzano problemi reali.

Conclusione sul Potere della Visualizzazione e dell'Auto-conversazione Positiva:

La visualizzazione e l'auto-conversazione positiva sono potenti strumenti che possono trasformare la nostra percezione, la nostra attitudine e, in ultima analisi, le nostre azioni. Essi rappresentano una sinergia tra mente e corpo, in cui le immagini mentali e il dialogo interno possono influenzare la nostra biochimica, il nostro stato emotivo e la nostra capacità di agire. La **visualizzazione** non è semplicemente un atto di fantasia; è un processo cognitivo che coinvolge il cervello in modi profondi e tangibili. Quando visualizziamo, non solo immaginiamo una determinata situazione, ma attiviamo anche le stesse reti neurali che sarebbero coinvolte se stessimo vivendo quella situazione nella realtà. Questo ha profonde implicazioni per l'apprendimento, la formazione e la riabilitazione. La visualizzazione può, ad esempio, aiutare un atleta a perfezionare una tecnica o una persona a superare paure e fobie. D'altra parte, l'**auto-conversazione positiva** è una testimonianza del potere delle parole e dei pensieri. Ciò che ci diciamo può consolidare credenze, sia positive che negative, e può influenzare la nostra autostima, il nostro senso di capacità e le nostre aspettative future. Un dialogo interno positivo può essere la chiave per superare ostacoli, aumentare la resilienza e mantenere una mentalità di crescita.

Tuttavia, come con qualsiasi strumento, ci sono limiti e sfide. La visualizzazione e l'auto-conversazione positiva devono essere utilizzate con consapevolezza e in modo equilibrato. Non si tratta di negare la realtà o di evitare problemi, ma di fornire un quadro mentale che ci permetta di affrontare le sfide con ottimismo e determinazione.

In conclusione, la visualizzazione e l'auto-conversazione positiva sono esempi concreti di come la mente possa influenzare il corpo e viceversa. Con una pratica regolare e intenzionale, possono diventare alleati potenti nella nostra ricerca di eccellenza, benessere e realizzazione. Essi sottolineano l'importanza di coltivare una mentalità positiva e di riconoscere il potere che ognuno di noi ha nel plasmare la nostra realtà attraverso i nostri pensieri, le nostre parole e le nostre azioni.

10. Strategie pratiche per sviluppare un Mindset di Crescita.

Le strategie per sviluppare un mindset di crescita sono fondamentali per chi desidera evolversi, superare ostacoli e abbracciare nuove sfide con un atteggiamento proattivo e positivo. Questo tipo di mentalità permette agli individui di vedere le sfide come opportunità di apprendimento piuttosto che come barriere insuperabili. Ecco alcune strategie pratiche per coltivare e rafforzare un mindset di crescita:

1. Riconoscere e Riformulare Pensieri Fissi: Ogni volta che emergono pensieri come "Non posso fare questo" o "Non sono bravo in questo", si tratta di opportunità per riformulare tali credenze. Ad esempio, "Non posso fare questo *ancora*" o "Posso migliorare attraverso lo sforzo e la pratica".

2. Vedere le Sfide come Opportunità: Invece di evitare sfide, abbracciale come opportunità per crescere e apprendere. Le sfide sono spesso i migliori maestri.

3. Impegnarsi in un Apprendimento Continuo: Dedica tempo ogni giorno all'apprendimento di qualcosa di nuovo, che si tratti di leggere, seguire un corso online, o semplicemente esplorare un nuovo hobby o abilità.

4. Celebrare gli Sforzi, non solo i Risultati: Riconosci e premia lo sforzo e la dedizione, piuttosto che focalizzarti esclusivamente sui risultati. Questo cambierà la percezione del valore del processo e del viaggio.

5. Chiedere Feedback e Usarlo come Strumento di Crescita: I feedback, specialmente quelli costruttivi, sono essenziali per la crescita personale. Anziché difendersi o evitare critiche, accoglile come opportunità di apprendimento.

6. Circondati di Modelli Positivi: Stare in compagnia di persone che hanno un mindset di crescita può essere incredibilmente stimolante. Queste persone tendono a diffondere positività, motivazione e un approccio proattivo alla vita.

7. Stabilire Obiettivi di Apprendimento: Invece di fissarti solo su obiettivi di prestazione, come "Voglio ottenere un 10", prova a stabilire obiettivi di apprendimento come "Voglio padroneggiare questo concetto" o "Voglio migliorare in questa abilità".

8. Riflessione e Journaling: Dedicare del tempo alla riflessione e scrivere un diario può aiutarti a identificare e cambiare credenze limitanti, oltre a celebrare i tuoi progressi.

9. Pratica la Resilienza: Quando incontri ostacoli o fallimenti, piuttosto che arrenderti, chiediti: "Che cosa posso imparare da questa esperienza? Come posso usare questo per crescere?"

10. Fomentare la Curiosità: Poni domande, esplora nuove idee e rimani aperto a nuove esperienze. La curiosità è fondamentale per mantenere un mindset di crescita.

Conclusione:

Sviluppare un mindset di crescita non è un percorso che si compie in un giorno, ma un viaggio continuo di auto-scoperta, apprendimento e adattamento. Richiede consapevolezza, sforzo e impegno, ma i benefici sono immensi. Con un mindset di crescita, non solo potrai affrontare le sfide con maggiore fiducia, ma sarai anche meglio equipaggiato per sfruttare le opportunità, superare gli ostacoli e realizzare il tuo vero potenziale.

11. Adattare la Mentalità da Ricevitore a Creatore: Nella vita, puoi scegliere di essere un ricevitore passivo di circostanze o un creatore attivo della tua realtà. Con un mindset di crescita, impari a vedere te stesso come un creatore che ha il potere di plasmare il proprio destino.

12. Integrazione con la Meditazione: La meditazione può aiutarti a diventare più consapevole dei tuoi schemi di pensiero. Tramite la pratica meditativa, puoi notare come la tua mente tende a reagire in certe situazioni e quindi ricalibrare i tuoi pensieri verso una mentalità di crescita.

13. L'importanza della Gratitudine: Praticare la gratitudine può spostare la tua attenzione dai limiti alle opportunità. Annotare ciò per cui sei grato ogni giorno può aiutarti a concentrarti su ciò che hai e su come puoi utilizzare le tue risorse per crescere.

14. Interrogare le Assunzioni: Quando ti trovi di fronte a una barriera mentale o a un'opinione che ritieni assoluta, chiediti: "È veramente così, o c'è un altro modo di vedere la situazione?". Questo processo di indagine può svelare nuove prospettive e ampliare la tua mentalità.

15. Il Ruolo della Vulnerabilità: Ammettere le proprie lacune o aree di crescita non è un segno di debolezza, ma piuttosto una manifestazione di forza. Accogliendo la vulnerabilità, puoi imparare e crescere molto di più rispetto a quando cerchi di proiettare un'immagine di perfezione.

16. Modellare il Comportamento su Mentori e Leader Ispiranti: Osservare come altre persone hanno superato le sfide, abbracciato opportunità e coltivato una mentalità di crescita può servire come fonte di ispirazione. Analizza le loro storie, cerca di capire i principi che hanno seguito e considera come potresti applicare tali principi nella tua vita.

17. Impegno nella Formazione Continua: Che si tratti di frequentare seminari, leggere libri o partecipare a workshop, investi nel tuo sviluppo personale. La formazione non si limita all'ambito scolastico o professionale; può estendersi a tutte le aree della tua vita.

18. Coltivare la Mentalità di "Ancora" e "Non Ancora": Invece di pensare in termini binari di "posso" o "non posso", pensa in termini di "ancora" o "non ancora". Ad esempio, se stai lottando con una nuova abilità, invece di dire "Non posso farlo", prova a dire "Non posso farlo *ancora*".

19. Accettare il Cambiamento: Il cambiamento è una parte inevitabile della vita. Invece di resistere, abbraccialo. Vedi ogni cambiamento come un'opportunità per adattarti, imparare e crescere.

20. Pratica l'Autocompassione: Essere troppo critici con se stessi può ostacolare la crescita. Quando commetti un errore o ti trovi di fronte a un ostacolo, trattati con gentilezza e compassione, riconoscendo che l'errore è una parte naturale del processo di apprendimento.

Riorientare la Propria Mentalità

Il mondo è un continuo flusso di informazioni, stimoli e sfide. La nostra capacità di navigare con successo attraverso questo ambiente dinamico dipende in gran parte dalla nostra mentalità. Il modo in cui percepiamo, interpretiamo e reagiamo a queste sfide determina la nostra traiettoria di crescita.

L'importanza dell'Autoconsapevolezza

Una delle prime fasi per sviluppare un mindset di crescita è diventare consapevoli dei propri schemi di pensiero. L'autoconsapevolezza ti permette di riconoscere quando stai operando con un mindset fisso e di prendere misure per reindirizzare i tuoi pensieri. Puoi farlo attraverso la riflessione, la meditazione o anche tenendo un diario per tracciare le tue reazioni e i tuoi pensieri rispetto alle sfide che incontri.

La Forza della Scelta

Anche se potrebbe non sembrare così, hai sempre una scelta. Hai la scelta di vedere un errore come un fallimento definitivo o come un'opportunità di apprendimento. Hai la scelta di affrontare una sfida con paura o con curiosità. Riconoscere il potere che hai nelle tue mani, la capacità di scegliere come reagire, è essenziale per coltivare un mindset di crescita.

Le Parole contano

Le parole che usi, sia nel dialogo interiore che in quello esterno, hanno un impatto profondo sulla tua mentalità. Ad esempio, dire "non sono bravo in matematica" rinforza l'idea che le capacità siano fisse. Al contrario, dire "sto avendo difficoltà in matematica ora, ma posso migliorare con la pratica" promuove un mindset di crescita.

L'Importanza dell'Impegno

Il talento da solo raramente porta al successo. È l'impegno, la determinazione e la resilienza che spesso fanno la differenza. Quando coltivi un mindset di crescita, riconosci che l'effort è una via diretta all'apprendimento e al miglioramento. La pratica deliberata e la perseveranza diventano strumenti chiave nella tua cassetta degli attrezzi per la crescita personale.

Riconoscere e Sfidare le Tue Credenze Limitanti

Tutti abbiamo credenze limitanti, idee radicate che mettono un freno al nostro potenziale. Queste possono riguardare le nostre capacità, il nostro valore o il nostro posto nel mondo. Parte del viaggio verso un mindset di crescita è riconoscere queste credenze e sfidarle. Questo può richiedere del lavoro interiore profondo, a volte con l'aiuto di un coach o di un terapeuta, ma il risultato è un senso di libertà e di potenziale senza limiti.

Circondatevi di Persone che Sostengono la Vostra Crescita

L'ambiente in cui ti trovi ha un enorme impatto sulla tua mentalità. Se sei circondato da persone con un mindset fisso, può essere difficile mantenere una mentalità di crescita. Cerca persone che ti sfidano, che credono nel tuo potenziale e che ti sostengono nel tuo viaggio di crescita.

Celebrate i Piccoli Successi

Mentre lavori per sviluppare un mindset di crescita, è essenziale celebrare i piccoli successi lungo la strada. Questi momenti di celebrazione rinforzano l'idea che stai progredendo e ti motivano a continuare nel tuo percorso di apprendimento e crescita.

Mantenere la Curiosità

Una mentalità di crescita prospera sulla curiosità. Le persone con un mindset di crescita tendono ad essere intrinsecamente curiose, sempre pronte a esplorare nuove idee e possibilità. Questa curiosità porta a una maggiore apertura all'apprendimento e all'adattamento. Quando si è curiosi, si cerca attivamente nuove informazioni e si pongono domande per ampliare la comprensione, piuttosto che ritirarsi di fronte all'ignoto.

Feedback Come Strumento di Crescita

Il feedback è un componente essenziale per sviluppare un mindset di crescita. Invece di vederlo come una critica o un fallimento, una mentalità di crescita lo vede come un'opportunità. Ogni feedback, positivo o costruttivo, fornisce preziose informazioni su dove si sta andando bene e dove c'è spazio per migliorare. Accogliendo il feedback, si impara a vedere ogni interazione come un'opportunità di apprendimento.

La Flessibilità Cognitiva

Il mondo è in costante evoluzione e, per tenere il passo, è essenziale avere una flessibilità cognitiva. Questo significa avere la capacità di pensare in modi diversi, di adattarsi a nuove situazioni e di vedere le cose da prospettive diverse. Una mentalità flessibile ti permette di affrontare le sfide con una mentalità aperta, pronta a trovare nuove soluzioni ai problemi.

Riflessione e Autovalutazione

Prendersi del tempo per riflettere sul proprio percorso, sulle proprie azioni e sulle proprie decisioni è essenziale per coltivare un mindset di crescita. Questo processo di autovalutazione ti permette di capire dove stai andando bene e dove potresti aver bisogno di fare qualche aggiustamento. Più ti abitui a questo processo, più diventi sintonizzato con te stesso e con le tue esigenze di crescita.

Impostare Obiettivi Realistici

Mentre è importante spingersi oltre la propria zona di comfort, è altrettanto importante impostare obiettivi realistici. Questi obiettivi dovrebbero sfidarti, ma dovrebbero anche essere raggiungibili con l'impegno e la determinazione giusti. Quando raggiungi questi obiettivi, il senso di realizzazione che provi rinforza ulteriormente il tuo mindset di crescita.

La Pratica Della Gratitudine

Esprimere gratitudine non solo ha benefici emotivi, ma può anche aiutare a rinforzare una mentalità di crescita. Concentrandoti su ciò che hai e su ciò che hai raggiunto, piuttosto che su ciò che ti manca, inizi a vedere il mondo in una luce più positiva. Questa prospettiva può aiutarti a vedere le sfide come opportunità piuttosto che come ostacoli insormontabili.

Rischiare Con Consapevolezza

Spingersi fuori dalla propria zona di comfort è una parte essenziale dello sviluppo di una mentalità di crescita. Questo potrebbe significare prendere dei rischi, sia grandi che piccoli. Tuttavia, è importante che questi rischi siano calcolati e basati su una valutazione informata delle situazioni. Prendere rischi con consapevolezza ti permette di crescere e imparare, mentre mantieni un equilibrio tra sfida e sicurezza.

Conclusione sulle Strategie Pratiche per Sviluppare un Mindset di Crescita

L'adozione di un mindset di crescita non è un percorso che avviene dall'oggi al domani. È un viaggio continuo che richiede consapevolezza, riflessione e impegno. Tuttavia, i benefici che derivano dal coltivare tale mentalità hanno ripercussioni profonde non solo sul successo personale e professionale, ma anche sulla qualità della vita in generale.

1. **Curiosità come Fondamento:** La capacità di mantenere viva la curiosità è la pietra miliare dello sviluppo di una mentalità di crescita. Essa porta ad una sete insaziabile di conoscenza, spingendo l'individuo a esplorare, interrogare e imparare costantemente. Un individuo curioso vede ogni esperienza, buona o cattiva, come un'opportunità di apprendimento.

2. **Feedback e Adattabilità:** Il feedback costruttivo è un dono per chi possiede una mentalità di crescita. Al posto di respingerlo o sentirsi minacciato da esso, lo accoglie come un mezzo per migliorare e adattarsi. Inoltre, l'abilità di adattarsi, cambiare e crescere in base a questo feedback è ciò che distingue le persone con un mindset di crescita.

3. **La Flessibilità Oltre la Rigidità:** La flessibilità cognitiva è una delle qualità più preziose nell'odierno mondo in rapida evoluzione. La capacità di vedere le sfide da diverse prospettive, di pensare "fuori dagli schemi" e di trovare soluzioni innovative è un tratto distintivo di chi ha una mentalità di crescita.

4. **Autovalutazione Come Bussola:** La riflessione e l'autovalutazione sono essenziali per comprendere dove ci si trova nel proprio viaggio di crescita personale. Questi momenti di introspezione aiutano a individuare le aree di forza e quelle che necessitano di ulteriori sviluppi.

5. **Obiettivi Come Guida:** Gli obiettivi realistici forniscono una roadmap chiara. Danno un senso di direzione e un criterio con cui misurare il progresso. Ma più importantemente, offrono l'opportunità di celebrare i piccoli successi lungo il cammino, alimentando ulteriormente la motivazione.

6. **Gratitudine e Positività:** La pratica della gratitudine può sembrare semplice, ma ha un impatto profondo sulla mentalità. Riconoscere e apprezzare ciò che si ha, anziché focalizzarsi su ciò che manca, nutre un atteggiamento positivo e rinforza la resilienza di fronte alle sfide.

7. **Rischi Calcolati per la Crescita:** Infine, il coraggio di rischiare è fondamentale. Mentre il comfort può sembrare attraente, la vera crescita avviene al di fuori della zona di comfort. Tuttavia, è essenziale che questi rischi siano calcolati e informazioni, garantendo che portino a opportunità di apprendimento piuttosto che a inutili pericoli.

In sintesi, sviluppare un mindset di crescita richiede un impegno attivo e continuo. Non si tratta solo di un cambiamento di mentalità, ma di un vero e proprio stile di vita. Attraverso la curiosità, l'apertura al feedback, la flessibilità, la riflessione, la definizione di obiettivi, la gratitudine e la disponibilità a rischiare, ogni individuo può sbloccare il suo vero potenziale e navigare con successo attraverso le sfide e le opportunità della vita.

11. Il ruolo dell'ambiente: Come l'ambiente circostante può influenzare il nostro mindset.

Il Ruolo dell'Ambiente: Come l'Ambiente Circostante Può Influenzare il Nostro Mindset

L'ambiente in cui viviamo e lavoriamo ha un profondo impatto sulla nostra mentalità, sulle nostre credenze e sui nostri comportamenti. Le persone, i luoghi, le culture e le situazioni con cui interagiamo quotidianamente possono sia alimentare che ostacolare il nostro sviluppo personale e la nostra mentalità. Di seguito sono esplorate diverse sfaccettature di come l'ambiente influisce sul nostro mindset.

1. **Modello di Riferimento e Influences Sociali:** Le persone con cui passiamo la maggior parte del nostro tempo tendono a influenzare in modo significativo le nostre opinioni, i nostri comportamenti e le nostre credenze. Se siamo circondati da individui che possiedono una mentalità fissa, pessimista o limitante, c'è una probabilità maggiore che anche noi adottiamo tali atteggiamenti. Al contrario, essere in compagnia di persone positive, proattive e orientate alla crescita può ispirarci a sviluppare una mentalità simile.

2. **Struttura Fisica e Design:** Gli spazi in cui viviamo e lavoriamo hanno il potere di

influenzare il nostro benessere mentale. Un ambiente pulito, ordinato e ben illuminato può aumentare la produttività, la creatività e l'ottimismo. Mentre, un ambiente caotico, buio o disorganizzato può avere l'effetto opposto.

3. **Aspettative Culturali e Sociali:** La cultura e la società in cui viviamo stabiliscono certe norme e aspettative. Questi standard possono influenzare il modo in cui percepiamo il successo, il fallimento, il duro lavoro e il talento. Ad esempio, in alcune culture, l'errore può essere visto come una vergogna o un segno di debolezza, mentre in altre può essere visto come un'opportunità di apprendimento.

4. **Educazione e Istituzioni:** Le scuole, le università e altre istituzioni educative svolgono un ruolo cruciale nel plasmare il nostro mindset. Gli educatori, i programmi di studio e le metodologie di insegnamento possono promuovere un'attitudine di curiosità e apprendimento continuo, o possono limitare la crescita incoraggiando la conformità e la competizione.

5. **Esposizione ai Media e Tecnologia:** Viviamo in un'era in cui siamo costantemente bombardati da notizie, informazioni e tendenze attraverso vari canali media. La natura e il tono di ciò che consumiamo attraverso questi canali possono

influenzare il nostro stato d'animo e le nostre percezioni.

6. **Risorse e Opportunità:** L'accesso a risorse, come la formazione, gli strumenti o i finanziamenti, può determinare quanto ci sentiamo in grado di perseguire i nostri obiettivi. Un ambiente ricco di opportunità può rinforzare una mentalità di crescita, mentre la mancanza di risorse può alimentare sentimenti di impotenza o rassegnazione.

7. **Eventi di Vita e Esperienze:** Gli eventi traumatici, le sfide o anche le vittorie nella nostra vita possono influenzare la nostra mentalità. Come rispondiamo e ci adattiamo a tali eventi può plasmare il nostro approccio alle future sfide e opportunità.

In sintesi, l'ambiente in cui ci troviamo non è solo una semplice cornice alla nostra esistenza; è un attore dinamico che interagisce continuamente con noi, influenzando la nostra mentalità e il nostro comportamento. Essere consapevoli di tale impatto e cercare attivamente ambienti che alimentano una mentalità di crescita può essere fondamentale per il nostro sviluppo personale e professionale.

1. **Ambiente Naturale e Salute Mentale:** Esiste un legame crescente tra l'ambiente naturale e la nostra salute mentale. Trascorrere del tempo in natura, come in un parco o in una foresta, può avere effetti rinvigorenti sul nostro benessere psicologico. Ciò può promuovere una mentalità positiva, riducendo lo stress e l'ansia. L'urbanizzazione rapida e la mancanza di accesso a spazi verdi possono, invece, contribuire a una mentalità più stressata o ansiosa.

2. **Feedback e Comunicazione:** L'ambiente in cui ci troviamo può anche determinare la qualità e la quantità di feedback che riceviamo. Un ambiente che incoraggia il feedback costruttivo può aiutare le persone a riconoscere le aree di miglioramento, mentre un ambiente che promuove la critica negativa o il confronto può alimentare insicurezze e una mentalità fissa.

3. **Simbolismo e Significato Ambientale:** Gli elementi ambientali possono avere un simbolismo che influisce sulla nostra mentalità. Ad esempio, un ufficio con pareti grigie e poche finestre può simboleggiare isolamento o monotonia, mentre un ambiente vivace e colorato potrebbe promuovere creatività e innovazione.

4. **Norme e Regole Non Scritte:** Ogni ambiente ha delle norme e delle regole non scritte che influenzano il comportamento delle persone. Queste norme possono determinare come le

persone reagiscono al fallimento, come gestiscono il successo o come affrontano i conflitti. Capire queste regole non scritte può aiutare a navigare meglio in vari ambienti e ad adottare una mentalità appropriata.

5. **Diversità e Inclusione:** L'esposizione a una varietà di persone, culture e idee può ampliare la nostra prospettiva e incoraggiarci ad adottare una mentalità più aperta e di crescita. Al contrario, un ambiente omogeneo può limitare la nostra esposizione a nuove idee e rinforzare le credenze esistenti.

6. **Opportunità di Apprendimento e Crescita:** Ambienti che offrono continue opportunità di apprendimento, come workshop, seminari o classi, possono rinforzare una mentalità di crescita. La mancanza di tali opportunità può, invece, far sentire le persone stagnanti o insoddisfatte.

7. **Confronto e Competizione:** In alcuni ambienti, il confronto e la competizione possono essere aspetti dominanti. Questi possono spingere le persone a superare i loro limiti, ma possono anche causare stress, ansia e una mentalità basata sulla paura del fallimento.

8. **Adattabilità e Cambiamento:** Gli ambienti che cambiano rapidamente possono spingere le persone a sviluppare una mentalità adattabile e resiliente. D'altra parte, un ambiente stabile e

prevedibile potrebbe confortare alcune persone, ma anche portare ad un senso di complacency. Comprendere l'influenza profonda dell'ambiente sulla nostra mentalità offre una preziosa intuizione su come possiamo modellare intenzionalmente gli ambienti in cui viviamo e lavoriamo, per promuovere una mentalità di crescita e benessere. Ogni elemento, dalla struttura fisica agli aspetti sociali e culturali, gioca un ruolo nel definire come percepiamo noi stessi, le nostre capacità e il mondo intorno a noi.

Stimoli Ambientali e Decisioni Quotidiane: La nostra mentalità non è solo il prodotto di grandi eventi o interazioni significative; è anche modellata dalle piccole decisioni e dalle risposte agli stimoli ambientali quotidiani. Ad esempio, vivere in un ambiente disordinato può influenzare la nostra capacità di concentrazione e la propensione alla procrastinazione, mentre un ambiente ordinato può promuovere chiarezza mentale e produttività.

Tecnologia e Ambiente Digitale: In un'era dominata dalla tecnologia, non possiamo ignorare l'influenza dell'ambiente digitale sulla nostra mentalità. L'uso eccessivo dei social media, ad esempio, può alimentare confronti, insicurezze e una mentalità focalizzata sull'approvazione esterna. Allo stesso modo, l'overload di informazioni può creare sovraccarico e confusione, impedendo una chiara definizione degli obiettivi e delle priorità.

Relazioni e Interazioni Sociali: Gli individui con cui condividiamo il nostro ambiente quotidiano giocano un ruolo cruciale nella formazione del nostro mindset. Le relazioni tossiche o negative possono limitare la nostra autostima e la nostra fiducia, mentre relazioni di sostegno e incoraggiamento possono nutrire una mentalità di crescita.

Confort Zone vs Sfide Ambientali: Un ambiente che non ci sfida mai o che è troppo comodo può contribuire a una mentalità statica, dove ci sentiamo riluttanti a provare cose nuove o a metterci alla prova. D'altro canto, un ambiente che presenta sfide regolari può aiutare a sviluppare resilienza, adattabilità e una mentalità orientata alla crescita.

Cultura Organizzativa e Ambiente Lavorativo: Il tipo di cultura promossa in un'organizzazione o in un ambiente di lavoro ha un impatto significativo sulla mentalità dei suoi membri. Un ambiente che premia l'innovazione e accetta il fallimento come parte del processo di apprendimento tende a promuovere una mentalità di crescita tra i suoi membri. Al contrario, un ambiente che penalizza gli errori e premia solo il successo può promuovere una mentalità fissa.

Estetica e Benessere: L'estetica dell'ambiente in cui viviamo, dalla scelta dei colori alle opere d'arte alle piante, può influenzare il nostro stato d'animo e, di conseguenza, la nostra mentalità. Un ambiente gradevole e rilassante può promuovere benessere, pace interiore e una mentalità positiva.

Tradizioni e Valori Culturali: A livello macroscopico, le culture e le società in cui viviamo hanno tradizioni, valori e norme che possono influenzare profondamente il nostro mindset. Ad esempio, alcune culture possono valorizzare l'individualismo e la realizzazione personale, mentre altre possono enfatizzare la comunità e l'armonia collettiva.

In definitiva, ogni aspetto del nostro ambiente, sia che si tratti di dettagli tangibili come l'arredamento e l'estetica o di aspetti intangibili come le norme e le relazioni, contribuisce a plasmare la nostra mentalità in modi che spesso non riconosciamo consapevolmente. Essere consapevoli di queste influenze può aiutarci a fare scelte più informate su come modellare e interagire con gli ambienti in cui trascorriamo il nostro tempo.

Istruzione e Sistema Educativo: Il tipo di educazione che riceviamo e il sistema educativo in cui siamo immersi sono potentissimi modulatori del nostro mindset. Da giovani, siamo particolarmente impressionabili e sensibili alle influenze esterne. Se, ad esempio, un sistema educativo promuove la competizione anziché la cooperazione, gli studenti potrebbero sviluppare una mentalità orientata alla competizione, dove il valore personale è determinato dai risultati e dal confronto con gli altri. Al contrario, un ambiente educativo che enfatizza l'apprendimento collaborativo e il valore intrinseco dell'errore come opportunità di crescita può nutrire un mindset di crescita.

L'Influenza dell'Urbanistica e dell'Architettura: Gli spazi in cui viviamo e lavoriamo, dalla disposizione delle stanze alla presenza di spazi verdi, possono influenzare il nostro benessere mentale e, di conseguenza, la nostra mentalità. Un ambiente urbano caotico e sovraffollato può aumentare lo stress e la sensazione di oppressione, mentre un ambiente ben progettato che integra la natura e gli spazi aperti può promuovere sensazioni di calma e spaziosità mentale.

Accesso alle Risorse e Opportunità: La disponibilità o la mancanza di risorse, come l'accesso a buone scuole, biblioteche, centri di formazione o opportunità lavorative, può modellare la mentalità di una persona. Se un individuo cresce in un ambiente dove le risorse sono scarse, potrebbe sviluppare una mentalità di "scarsità", percependo le opportunità come limitate. Questo può portare a decisioni guidate dalla paura e dalla competizione. Al contrario, in ambienti con abbondanza di risorse, è più probabile sviluppare una mentalità di "abbondanza", dove si percepisce che ci sono molte opportunità disponibili.

L'Esposizione a Diverse Culture e Ideologie: Vivere o viaggiare in diverse parti del mondo e immergersi in culture diverse dalla propria può avere un profondo impatto sul modo in cui percepiamo noi stessi e il mondo intorno a noi. Queste esperienze possono sfidare le nostre credenze preesistenti e ampliare la nostra prospettiva, contribuendo a sviluppare una mentalità più aperta e flessibile.

Media e Intrattenimento: I media che consumiamo, sia che si tratti di notizie, film, libri o musica, possono influenzare profondamente la nostra percezione della realtà e, di conseguenza, la nostra mentalità. Ad esempio, un'eccessiva esposizione a notizie negative può portare a una visione del mondo pessimista e temerosa, mentre l'engagement con storie ispiratrici e motivanti può alimentare ottimismo e determinazione.

Feedback e Critiche: Il modo in cui riceviamo feedback e critiche dal nostro ambiente sociale può modellare la nostra autopercezione. Se siamo costantemente esposti a critiche non costruttive, potremmo sviluppare insicurezze e dubbi su noi stessi. D'altro canto, un feedback equilibrato che riconosce i nostri punti di forza mentre suggerisce aree di miglioramento può rafforzare la nostra autoefficacia e promuovere una mentalità di crescita.

Questi sono solo alcuni degli innumerevoli modi in cui l'ambiente circostante può influenzare la formazione e l'evoluzione del nostro mindset. La chiave è riconoscere queste influenze e, quando possibile, fare scelte intenzionali sull'ambiente in cui scegliamo di immergerci.

La nozione che l'ambiente circostante possa modellare, influenzare e in alcuni casi determinare la mentalità di un individuo è tanto profonda quanto radicata nelle ricerche psicologiche e sociologiche. La natura esatta di quest'influenza è tanto complessa quanto sfaccettata e spazia dall'ambito fisico di un luogo all'ambiente culturale e sociale.

Influenza Ambientale: L'ambiente fisico, come l'urbanistica e l'architettura, può avere effetti palpabili sulla psiche umana. Gli spazi ristretti o sovraffollati possono innescare sentimenti di claustrofobia, stress o ansia, mentre spazi aperti, ben illuminati e verdi possono promuovere calma e benessere. Questi effetti ambientali possono indirettamente influenzare il nostro mindset, spingendoci verso una mentalità chiusa e difensiva o, al contrario, verso un approccio più aperto e curioso nei confronti del mondo.

Influenza Sociale: Le aspettative, le norme e i valori della società possono agire come forze invisibili che modellano il nostro modo di pensare. Se cresciamo in un ambiente in cui l'errore è visto come una debolezza, potremmo temere di prendere rischi o di metterci alla prova. Se, d'altro canto, siamo circondati da un clima di supporto e incoraggiamento, potremmo sviluppare una mentalità orientata verso la crescita e l'apprendimento.

Risorse e Opportunità: La presenza o l'assenza di risorse e opportunità può delineare il nostro percorso di vita e la nostra percezione delle possibilità future. Senza accesso a risorse adeguate, come un'istruzione di qualità o opportunità lavorative, potremmo sentirsi limitati o intrappolati in una certa mentalità. Ma con le giuste risorse e opportunità, possiamo espandere la nostra visione del mondo e delle nostre potenzialità.

Media e Cultura Popolare: Viviamo in un'era dominata dai media, e ciò che vediamo, ascoltiamo e leggiamo ha il potere di influenzare profondamente la nostra psicologia. Il continuo bombardamento di immagini e messaggi dai media può stabilire standard, aspettative e norme che, a loro volta, influenzano la nostra autopercezione e il nostro modo di pensare.

In sintesi, riconoscere l'importanza dell'ambiente nel modellare il nostro mindset è fondamentale. Mentre possiamo non avere il controllo completo sull'ambiente in cui viviamo, possiamo fare scelte intenzionali su come interagire con esso. Possiamo scegliere di circondarci di persone e esperienze che nutrono una mentalità di crescita e possiamo cercare attivamente risorse e opportunità che ampliano la nostra visione del mondo. Questa consapevolezza e proattività nell'interazione con il nostro ambiente può servire come fondamento per un mindset resiliente, adattabile e orientato verso la crescita.

12. Mindfulness e Presenza: La connessione tra attenzione al momento presente e performance.

Mindfulness e Presenza:

La mindfulness, o "attenzione plena", è un concetto che ha le sue radici nelle tradizioni spirituali e meditative, in particolare nel buddismo. Negli ultimi decenni, tuttavia, ha guadagnato terreno nelle comunità scientifiche e psicologiche occidentali come un mezzo per migliorare il benessere mentale e, in particolare, la performance.

La mindfulness può essere definita come la pratica di portare la propria attenzione al momento presente in modo intenzionale e non giudicante. Ciò significa notare i pensieri, le sensazioni, e gli eventi esterni senza cercare di cambiarli o giudicarli. La "presenza", in questo contesto, si riferisce all'essere completamente immersi e concentrati in un'attività o in un momento, senza distrarsi.

Collegamento tra Mindfulness e Performance:

1. **Riduzione dello stress e dell'ansia:** Una delle scoperte più consistenti nelle ricerche sulla mindfulness è il suo potere nel ridurre lo stress e l'ansia. Questa riduzione può tradursi in una migliore performance, poiché le persone sono meno distraibili e possono concentrarsi meglio sul compito da svolgere.

2. **Migliore regolazione delle emozioni:** La pratica della mindfulness può aiutare le persone a riconoscere e accettare le proprie emozioni senza essere sopraffatte da esse. Questo può essere particolarmente utile in situazioni di alta pressione, dove la capacità di mantenere la calma può fare la differenza in termini di risultati.

3. **Aumento della concentrazione:** La mindfulness può affinare la capacità di concentrarsi su un compito per lunghi periodi di tempo, riducendo la tendenza a distrarsi.

4. **Accettazione e resilienza:** La pratica della mindfulness incoraggia un atteggiamento di accettazione. Questo può aiutare le persone a vedere i fallimenti o gli ostacoli come opportunità di apprendimento piuttosto che come segni di inadeguatezza.

5. **Miglioramento dell'autoconsapevolezza:** La mindfulness può aiutare le persone a diventare più consapevoli delle proprie abitudini

mentali e comportamentali, rendendo più facile identificare e cambiare comportamenti non produttivi.

6. **Promozione della creatività:** Essendo pienamente presenti e aperti alle esperienze, senza giudizio, può promuovere un pensiero più creativo e innovativo.

Applicazione Pratica nella Performance:
Per integrare la mindfulness nella performance quotidiana, molte persone adottano pratiche come la meditazione guidata, gli esercizi di respirazione, e la scansione corporea. Anche semplici atti come fare una passeggiata nella natura o ascoltare attivamente durante una conversazione possono promuovere la presenza e l'attenzione plena.

In contesti professionali, la formazione sulla mindfulness può aiutare le squadre e gli individui a migliorare la loro concentrazione, collaborazione e capacità di gestire lo stress. In ambito sportivo, atleti e allenatori stanno sempre più riconoscendo il valore della mindfulness per migliorare la performance e la resistenza mentale.

In conclusione, la connessione tra mindfulness, presenza e performance è profonda e multidimensionale. Attraverso la pratica dell'attenzione plena, le persone possono sviluppare una serie di competenze psicologiche

che sono direttamente correlate a una performance ottimale, sia che si tratti di esecuzione in un contesto lavorativo, sportivo o personale.

Mindfulness e Neuroscienza:

Il crescente interesse verso la mindfulness negli ultimi anni ha spinto gli scienziati a esplorare le basi neurali dietro la pratica. Gli studi di imaging cerebrale hanno mostrato che la meditazione regolare e la pratica della mindfulness possono portare a cambiamenti strutturali e funzionali nel cervello. Ad esempio:

1. **Rafforzamento del corteccia prefrontale:** Questa regione del cervello è associata al pensiero critico, alla pianificazione, alla decisione e alla regolazione delle emozioni. Gli individui che praticano la mindfulness mostrano una maggiore densità e connettività in quest'area, suggerendo una migliore capacità di autocontrollo e gestione delle emozioni.

2. **Diminuzione dell'attività nell'amigdala:** L'amigdala è una regione chiave per la risposta "lotta o fuga", e la sua iperattività è associata all'ansia e allo stress. La pratica regolare della mindfulness può ridurre l'attività dell'amigdala, portando a una risposta al stress più moderata.

Mindfulness e Flessibilità Cognitiva:

Un altro aspetto importante da considerare è come la mindfulness può migliorare la flessibilità cognitiva, ossia la capacità di pensare in modo diverso, adattare il proprio pensiero in risposta a nuove informazioni e cambiare prospettiva. Ecco come:

1. **Sospensione del giudizio:** La mindfulness incoraggia a notare i pensieri senza valutarli. Questo può aiutare a interrompere i cicli di pensiero rigido o automatico, promuovendo nuovi modi di vedere le situazioni.

2. **Consapevolezza metacognitiva:** Essere consapevoli dei propri processi di pensiero può portare a una maggiore capacità di scelta su come rispondere alle sfide, piuttosto che reagire in modo automatico.

Mindfulness e Relazioni Interpersonali: La presenza e l'attenzione plena non migliorano solo la performance individuale, ma anche la qualità delle relazioni interpersonali. L'ascolto attivo, una componente chiave della pratica mindfulness, può portare a una migliore comprensione e empatia nelle relazioni:

1. **Miglioramento della comunicazione:** Essere presenti durante le interazioni permette una maggiore chiarezza e un'ascolto più profondo, evitando malintesi.

2. **Empatia e comprensione:** La capacità di rimanere non giudicante e aperto all'esperienza

altrui può aiutare ad avvicinarsi agli altri con una maggiore empatia.

Mindfulness nel Contesto Culturale:
È importante notare che mentre la mindfulness ha radici in tradizioni spirituali come il buddismo, la sua adozione nel mondo occidentale ha subito una sorta di "secolarizzazione", adattandosi ai contesti moderni e scientifici. La sua applicazione varia in base alle culture, con diversi paesi e tradizioni che adattano la pratica in modo unico, pur mantenendo l'essenza di attenzione e consapevolezza.

Mindfulness e Rendimento Accademico:
La presenza mentale non è solo una pratica meditativa, ma ha anche applicazioni concrete nell'ambito dell'istruzione e dell'apprendimento. Gli studenti, ad esempio, possono trarre beneficio dalla mindfulness per migliorare le loro prestazioni accademiche:

1. **Attenzione e concentrazione:** La capacità di mantenere la concentrazione su un compito per un periodo prolungato è cruciale per l'apprendimento. La mindfulness può aiutare a ridurre le distrazioni, permettendo agli studenti di rimanere focalizzati più a lungo.
2. **Gestione dello stress:** Periodi intensi di studio o esami possono causare notevole stress.

Praticare la mindfulness può aiutare a gestire meglio queste pressioni, fornendo strumenti per calmare la mente e ridurre l'ansia.

Mindfulness e Creatività:

La creatività è spesso vista come l'abilità di pensare "fuori dagli schemi" o di vedere connessioni dove gli altri non le vedono. La mindfulness può alimentare questo tipo di pensiero in vari modi:

1. **Apertura a nuove esperienze:** La pratica della mindfulness incoraggia un atteggiamento di curiosità, che può portare a esplorare nuove idee o prospettive.

2. **Riduzione del blocco del creativo:** La mindfulness può aiutare a superare gli ostacoli mentali o le insicurezze che impediscono la libera espressione delle idee.

Mindfulness e Decision Making:

Le decisioni, grandi o piccole, sono una parte inevitabile della vita. La capacità di prendere decisioni sagge e riflessive può essere potenziata attraverso la pratica della mindfulness:

1. **Maggiore consapevolezza delle proprie reazioni:** La mindfulness può aiutare a riconoscere e mettere in discussione le reazioni automatiche o le preconcenzioni che possono influenzare le decisioni.

2. **Valutazione attenta:** Praticare la presenza mentale può portare a una considerazione più

profonda delle opzioni disponibili, garantendo che le decisioni siano prese dopo un'accurata riflessione.

Mindfulness e Leadership:

La leadership efficace richiede una serie di competenze interpersonali e intrapersonali. La mindfulness può affinare queste competenze, rendendo i leader più efficaci e compassionevoli:

1. **Ascolto autentico:** Un leader che pratica la mindfulness può ascoltare i membri del suo team senza giudizio, favorendo un ambiente di lavoro aperto e supportivo.

2. **Reattività vs Risposta:** La mindfulness aiuta i leader a rispondere piuttosto che reagire. Invece di prendere decisioni affrettate sotto pressione, un leader attento può prendersi un momento per riflettere e quindi agire in modo più equilibrato. Ogni punto menzionato qui ha il potenziale di diventare una profonda area di indagine e applicazione nel mondo reale. La pratica della mindfulness, quindi, non è solo un esercizio isolato, ma ha ramificazioni in quasi ogni aspetto della vita e della performance.

Mindfulness e Presenza: La connessione tra attenzione al momento presente e performance

In sintesi, la mindfulness, o presenza mentale, è un approccio consapevole alla vita che incide profondamente su come interagiamo con il mondo e su come reagiamo ai vari stimoli e situazioni che ci si presentano. Questa connessione tra attenzione al momento presente e rendimento è fondamentale in numerosi aspetti:

1. Connessione Mentale: La pratica della mindfulness rafforza la connessione mente-corpo. Essere presenti e consapevoli dei propri pensieri, emozioni e sensazioni fisiche può creare un equilibrio interiore, facilitando decisioni più ponderate e azioni più mirate.

2. Qualità dell'Attenzione: La capacità di focalizzare l'attenzione su un compito o un'attività specifica senza essere distratti può migliorare significativamente la qualità del lavoro. La mindfulness aiuta a sviluppare una concentrazione profonda, riducendo la vulnerabilità alle distrazioni.

3. Gestione dello Stress: Vivere nel momento presente può ridurre l'ansia e lo stress, poiché si tende a non rimuginare sul passato o preoccuparsi eccessivamente del futuro. Questa riduzione dello stress può, a sua volta, migliorare la performance in molte attività, dalle sfide lavorative agli eventi sportivi.

4. Crescita Personale: La mindfulness promuove un'apertura mentale. Con questa apertura, si diventa più recettivi al feedback, all'apprendimento e all'adattamento, elementi chiave per il miglioramento e la crescita personale.

5. Salute Emotiva: Essere consapevoli delle proprie emozioni e accettarle senza giudizio può portare a una maggiore resilienza emotiva. Una salute emotiva solida è fondamentale per mantenere alte prestazioni, specialmente in situazioni di pressione o di sfida.

6. Relazioni Interpersonali: La pratica della mindfulness può migliorare le competenze di ascolto e empatia, rendendo le interazioni personali e professionali più armoniose e produttive.

Conclusioni: L'incorporazione della mindfulness nella routine quotidiana può avere effetti trasformazionali sulla performance individuale. Essa non è solo una pratica meditativa, ma una filosofia di vita che, quando adottata, può migliorare la qualità della performance in ogni aspetto della vita. La chiave sta nell'essere costantemente presenti, attenti e consapevoli, dando il meglio di sé in ogni momento. Attraverso questa consapevolezza, si può effettivamente sfruttare il vero potenziale e raggiungere livelli di performance prima ritenuti irraggiungibili.

13. L'importanza dell'auto-compassione nella performance.

L'importanza dell'auto-compassione nella performance

L'auto-compassione riguarda la capacità di trattare se stessi con la stessa gentilezza, preoccupazione e comprensione che riserveremmo a un amico caro. Questa pratica di auto-accettazione e auto-cura ha profonde implicazioni per la performance in vari ambiti della vita. Esaminiamo più in dettaglio i modi in cui l'auto-compassione può influenzare positivamente le nostre prestazioni:

1. Riduzione dello Stress e dell'Ansia: L'auto-compassione promuove l'accettazione di sé, che può aiutare a ridurre i livelli di ansia e stress. Quando siamo meno preoccupati di fallire o di essere giudicati, ci sentiamo più liberi di sperimentare, innovare e crescere.

2. Aumento della Resilienza: Quando affrontiamo i fallimenti o le avversità con auto-compassione, tendiamo a rimbalzare più rapidamente. Invece di cadere nella trappola dell'auto-critica, possiamo vedere gli errori come opportunità di apprendimento.

3. Promozione del Benessere Mentale: L'auto-compassione può contribuire a una maggiore soddisfazione nella vita, a una maggiore autostima e a una migliore salute mentale. Quando ci sentiamo bene con noi stessi, siamo più propensi a darci al meglio nelle nostre attività.

4. Incremento della Motivazione: Anziché motivarci attraverso la critica, l'auto-compassione ci permette di essere motivati dal desiderio di crescere e migliorare. Questo tipo di motivazione è spesso più sostenibile e produttivo a lungo termine.

5. Miglioramento delle Relazioni: Trattando noi stessi con compassione, siamo anche più propensi a trattare gli altri con compassione. Questo può portare a relazioni più sane e a un migliore lavoro di squadra, che è fondamentale per la performance in molti ambienti.

6. Riduzione della Paura del Fallimento: Quando approcciamo le sfide con auto-compassione, la paura del fallimento diminuisce. Riconosciamo che tutti possono sbagliare e che gli errori sono parte del percorso di apprendimento e crescita.

7. Aumento della Creatività: Senza la paura paralizzante della critica, siamo più propensi a pensare fuori dagli schemi e a esplorare nuove idee e approcci.

Conclusioni: L'auto-compassione non è un segno di debolezza, ma piuttosto una fonte di forza. Nutrendo un atteggiamento compassionevole verso noi stessi, possiamo liberarci dalle catene dell'auto-giudizio e spingerci oltre i limiti precedentemente imposti. Ciò può tradursi in una migliore performance, sia a livello personale che professionale, e in una maggiore soddisfazione nella vita. Quando incorporiamo l'auto-compassione nella nostra vita quotidiana, ci diamo il permesso di essere umani, di crescere dai nostri errori e di prosperare in ogni circostanza.

Gestione dell'Autocritica: Una delle principali sfide che molte persone affrontano è l'incessante dialogo interno negativo. Molti di noi sono i nostri peggiori critici e possono rimuginare costantemente sugli errori passati o preoccuparsi delle future insidie. L'auto-compassione ci insegna a riconoscere questi pensieri negativi e a sostituirli con una narrazione più gentile e comprensiva. Invece di rimproverarci per un errore, possiamo chiederci cosa abbiamo imparato da quell'esperienza e come possiamo fare meglio la prossima volta.

Mindfulness e Auto-compassione: La pratica della mindfulness, che enfatizza l'attenzione al momento presente senza giudizio, è strettamente legata all'auto-compassione. Essere pienamente presenti e consapevoli delle nostre emozioni e sensazioni può aiutarci a riconoscere quando stiamo scivolando nella critica e nel giudizio di noi stessi. Questa presa di coscienza può quindi aprire la porta alla compassione, permettendoci di trattare quelle emozioni con gentilezza e comprensione.

Ambienti competitivi e Auto-compassione: In ambienti altamente competitivi, come quelli accademici o professionali, può essere particolarmente difficile mantenere un senso di auto-compassione. La pressione per eccellere e superare gli altri può portare a sentimenti di inadeguatezza o insufficienza. Tuttavia, in queste situazioni, l'auto-compassione può essere una risorsa ancora più preziosa. Permette agli individui di mantenere l'equilibrio, di non farsi sopraffare dalla pressione e di vedere le sfide come opportunità piuttosto che come minacce.

Flessibilità emotiva: L'auto-compassione può anche aumentare la nostra flessibilità emotiva. Invece di rimanere bloccati in uno stato emotivo, come la frustrazione o la vergogna, l'auto-compassione ci permette di riconoscere e accettare queste emozioni e poi di lasciarle andare. Questa flessibilità può aiutarci a rispondere in modo più efficace alle sfide e ad adattarci rapidamente alle situazioni in continua evoluzione.

Benefici fisici dell'Auto-compassione: Non è solo la nostra salute mentale che beneficia dell'auto-compassione. Ci sono anche benefici tangibili per la salute fisica. Studi hanno mostrato che l'auto-compassione può ridurre la risposta allo stress del corpo, ridurre i livelli di cortisolo (un ormone dello stress) e aumentare i livelli di ossitocina (spesso chiamato "l'ormone dell'amore"). Questi cambiamenti fisiologici possono avere un effetto positivo sulla salute cardiovascolare, sul sistema immunitario e su altri sistemi corporei.

L'auto-compassione come punto di partenza: Mentre molte persone vedono la performance come l'obiettivo finale, l'auto-compassione suggerisce un cambio di prospettiva. Invece di concentrarsi esclusivamente sul risultato o sull'obiettivo, l'auto-compassione ci invita a vedere il processo e il viaggio come altrettanto importanti. Avere cura di noi stessi, celebrare i piccoli successi lungo il percorso e perdonarci per gli inevitabili contrattempi può rendere l'intero processo più sostenibile e gratificante.

Collegamento con la resilienza: L'auto-compassione è strettamente collegata alla resilienza. In situazioni di fallimento o di sfida, coloro che praticano l'auto-compassione tendono a rimbalzare indietro più rapidamente, poiché riescono a vedere le difficoltà come parte integrante del viaggio di apprendimento piuttosto che come indicatori di inadeguatezza personale. Questa capacità di vedere oltre gli ostacoli e di non lasciarsi abbattere dal giudizio di sé è cruciale per mantenere la motivazione e continuare a perseguire gli obiettivi nonostante le avversità.

Contrasto con l'autostima: Mentre l'auto-compassione e l'autostima sono entrambe positive per la salute mentale, esiste una distinzione fondamentale tra le due. L'autostima spesso dipende dal confronto con gli altri e può portare a un senso di superiorità o, al contrario, di inferiorità. L'auto-compassione, d'altra parte, non si basa su confronti esterni ma piuttosto su un'accettazione incondizionata di sé. Questo rende l'auto-compassione una fonte di supporto emotivo molto più stabile rispetto all'autostima, che può fluttuare a seconda delle circostanze.

Il ruolo nell'autocura: La cura di sé è un concetto che ha guadagnato popolarità in tempi recenti, enfatizzando l'importanza di dedicare tempo ed energie al proprio benessere. L'auto-compassione si inserisce perfettamente in questo contesto, poiché incoraggia una gentilezza e un'attenzione costanti verso se stessi. Che si tratti di prendersi una pausa quando si è stressati, di praticare la meditazione, o semplicemente di trattarsi con gentilezza e comprensione, l'auto-compassione può essere vista come la base di tutte le pratiche di autocura.

Difficoltà nell'adozione: Nonostante i suoi numerosi benefici, non è sempre facile adottare un atteggiamento di auto-compassione. In particolare, coloro che sono cresciuti in ambienti in cui la critica era comune possono trovare difficile rompere il ciclo di giudizio interno. In questi casi, può essere utile lavorare con un terapeuta o un allenatore di vita per sviluppare una maggiore auto-compassione.

Influenza sulle relazioni: L'auto-compassione non riguarda solo il nostro rapporto con noi stessi, ma può anche influenzare le nostre relazioni con gli altri. Quando pratichiamo l'auto-compassione, diventiamo meno difensivi e più aperti, il che può portare a relazioni più profonde e autentiche. Inoltre, mostrando compassione verso noi stessi, diventiamo anche più empatici verso gli altri, riconoscendo che tutti commettiamo errori e meritiamo comprensione e gentilezza.

Origini culturali: È interessante notare che l'auto-compassione, sebbene sia discussa in termini moderni e psicologici, ha radici in molte tradizioni spirituali e filosofiche antiche. Dalle pratiche buddiste di metta (amorevole gentilezza) alle tradizioni contemplative cristiane, l'idea di mostrare amore e compassione verso se stessi è un concetto universale che ha resistito alla prova del tempo.

L'auto-compassione, come si può intuire, è una pratica profondamente radicata nel tessuto del nostro benessere psicologico e interpersonale. È una forza motrice che ci permette di affrontare le sfide della vita con resilienza e forza, e di nutrire relazioni sane con noi stessi e con gli altri. In sintesi, possiamo identificare alcune conclusioni chiave sull'auto-compassione:

1. **Nature vs. Nurture:** Sebbene alcuni possano essere naturalmente inclini a mostrare maggiore auto-compassione, è anche qualcosa che può essere coltivato e sviluppato attraverso la pratica e l'autoconsapevolezza. Ciò significa che, indipendentemente dal nostro punto di partenza, abbiamo la capacità di accrescere questa qualità in noi stessi.

2. **Un antidoto alla critica interna:** La critica eccessiva può essere paralizzante. L'auto-compassione funge da contrappeso, offrendoci una lente attraverso cui vedere noi stessi in modo più equilibrato, riconoscendo i nostri errori senza essere travolti da essi.

3. **Fondamento per l'autocura:** Senza un senso di auto-compassione, le pratiche di autocura possono diventare superficiali o inefficaci. L'auto-compassione assicura che queste pratiche siano radicate in un genuino desiderio di benessere.

4. **Estendibile agli altri:** Come già sottolineato, mostrare compassione verso se stessi può estendersi naturalmente verso gli altri, migliorando le relazioni interpersonali e costruendo comunità più empatiche.

5. **Base spirituale e culturale:** L'auto-compassione è una pratica antica, presente in molte tradizioni religiose e culturali. Questo universale riconoscimento della sua importanza testimonia il suo valore fondamentale per la condizione umana.

6. **Strumento per la performance:** A livello professionale e personale, l'auto-compassione può funzionare come un meccanismo di rilascio di pressione, permettendoci di affrontare gli errori come opportunità di apprendimento piuttosto che come fallimenti catastrofici. In

questo modo, siamo più in grado di avanzare verso i nostri obiettivi senza essere ostacolati da paura o perfezionismo.

In conclusione, l'auto-compassione non è solo un "bel concetto" da adottare, ma una componente essenziale del nostro benessere psicologico. Essa ci offre uno strumento per navigare le turbolenze della vita con grazia, forza e determinazione. Adottando un atteggiamento di auto-compassione, possiamo migliorare la nostra vita e le vite di coloro che ci circondano in modi profondi e duraturi.

14. Case Studies: Esempi di individui che hanno trasformato il loro mindset e migliorato le loro performance.

I case studies sono uno strumento potente per illustrare come concetti teorici si manifestano nella realtà pratica. Nel contesto del mindset, sono numerosi gli individui, noti e meno noti, che hanno mostrato come un cambiamento di mentalità può avere un impatto significativo sulle loro performance e risultati. Ecco alcuni esempi emblematici:

1. **Michael Jordan:** Probabilmente uno dei giocatori di basket più celebri di tutti i tempi, Michael Jordan è stato tagliato dalla squadra di basket della sua scuola superiore. Invece di

abbandonarsi alla delusione, ha usato quel fallimento come motivazione per lavorare ancora più duramente. Ha adottato un mindset di crescita, riconoscendo che il talento da solo non era sufficiente. Questa etica del lavoro e la capacità di apprendere dai suoi errori sono diventate una delle sue caratteristiche distintive.

2. **Thomas Edison:** L'inventore della lampadina e di molti altri dispositivi che hanno cambiato il mondo, Edison è noto per aver detto: "Non ho fallito. Ho appena trovato 10.000 modi che non funzionano". Questa prospettiva rappresenta chiaramente un mindset di crescita, vedendo gli ostacoli non come barriere insormontabili, ma come opportunità di apprendimento.

3. **Sarah Lewis:** Autrice del libro "The Rise", Lewis esplora le storie di artisti, scrittori, atleti e inventori che vedono quasi-raggiunti e fallimenti come opportunità, piuttosto che come segni di incapacità. Attraverso il suo studio, dimostra come molti individui di successo adottino una mentalità orientata alla crescita.

4. **J.K. Rowling:** Prima di diventare una delle autrici più famose e di successo al mondo con la serie "Harry Potter", J.K. Rowling ha affrontato numerosi rifiuti da parte delle case editrici. Ha affrontato anche periodi di depressione e difficoltà economiche. Tuttavia, ha persistito, guidata dalla sua passione e dalla convinzione nel

suo lavoro, dimostrando come un mindset di crescita possa superare anche i momenti più difficili.

5. **Albert Einstein:** Sebbene ora sia riconosciuto come uno dei fisici più brillanti della storia, Einstein non era considerato un genio da bambino. Ha affrontato difficoltà scolastiche e non è stato accettato nella sua prima scelta di scuola superiore. Tuttavia, la sua curiosità e il desiderio di comprendere l'universo lo hanno spinto a perseverare, adottando un approccio orientato alla crescita nel suo lavoro e nello studio.

Questi esempi sono solo una piccola rappresentazione di come un mindset di crescita possa influenzare positivamente le performance. Ciò che unisce tutti questi individui non è solo il talento o la fortuna, ma piuttosto una mentalità che vede le sfide come opportunità, i fallimenti come lezioni e il percorso verso il successo come un viaggio in continua evoluzione e apprendimento. La loro capacità di adattarsi, imparare e crescere attraverso le avversità è un promemoria potente dell'importanza e dell'efficacia di adottare un mindset di crescita.

L'analisi dei case studies è un modo fondamentale per comprendere a fondo l'importanza e l'efficacia di un cambiamento di mentalità. Oltre ai già menzionati, ci sono molti altri esempi di persone che hanno trasformato il loro approccio e mentalità, ottenendo risultati straordinari in vari campi.

Oprah Winfrey: Un esempio sorprendente di resilienza e mindset di crescita viene dalla vita di Oprah Winfrey. La sua infanzia è stata contrassegnata da povertà e abusi, ma invece di lasciare che queste esperienze la definissero, Oprah ha usato le sue sfide come trampolino di lancio per il successo. Ha affrontato ogni ostacolo come un'opportunità per crescere e imparare, costruendo una delle carriere più influenti nel mondo dei media. La sua capacità di riconoscere la propria forza interiore e di utilizzare le sfide come opportunità ha reso Oprah un'icona e un esempio di mindset di crescita in azione.

Elon Musk: Notoriamente, Elon Musk ha intrapreso una serie di venture che sembravano impossibili o contro ogni buon senso commerciale. Dalla produzione di veicoli elettrici con Tesla, all'esplorazione spaziale con SpaceX, alle soluzioni di energia sostenibile con SolarCity, Musk affronta costantemente sfide che molti considererebbero insormontabili. La sua volontà di affrontare fallimenti, imparare da essi e persistere sottolinea un mindset di crescita radicato.

Sylvester Stallone: Prima di diventare famoso con "Rocky", Stallone ha affrontato un'incredibile quantità di rifiuti. Ha scritto la sceneggiatura di "Rocky" e, nonostante le numerose offerte per acquistarla, ha insistito per recitare come protagonista, anche quando gli è stato detto che non era il materiale da protagonista. Questa determinazione, basata sulla convinzione nel proprio valore e potenziale, è un esempio luminoso di come il mindset può plasmare il destino.

Colonel Harland Sanders: Fondatore di KFC, Sanders ha iniziato a tentare di vendere la sua ricetta per il pollo fritto solo in età avanzata. Ha ricevuto oltre mille rifiuti prima di trovare un partner d'affari. Questa perseveranza, nonostante gli innumerevoli ostacoli, evidenzia un profondo mindset di crescita.

Ogni individuo ha la sua storia unica, ma ciò che questi case studies dimostrano è un tema comune: la capacità di vedere oltre gli ostacoli immediati, di imparare dai fallimenti e di avere la determinazione di perseguire i propri sogni nonostante le sfide. Un mindset di crescita non garantisce il successo, ma fornisce l'approccio e gli strumenti necessari per navigare attraverso le sfide e cogliere le opportunità nascoste dietro ogni ostacolo. La storia di queste persone sottolinea come il modo in cui scegliamo di vedere noi stessi, le nostre capacità e le sfide che incontriamo può profondamente influenzare la direzione e la qualità delle nostre vite.

Michael Jordan: Uno degli atleti più celebrati di tutti i tempi, la carriera di Jordan nel basket è un perfetto esempio di come il mindset di crescita possa portare al successo. Molte persone non sanno che Jordan è stato tagliato dalla squadra di basket della sua scuola superiore perché era considerato troppo basso e non abbastanza talentuoso. Invece di lasciarsi abbattere, ha usato quel rifiuto come carburante per migliorarsi, allenandosi incessantemente. Alla fine, non solo è riuscito a entrare nella squadra, ma è andato avanti per diventare uno degli atleti più iconici del mondo.

J.K. Rowling: Prima del successo mondiale con "Harry Potter", Rowling ha affrontato una serie di difficoltà personali, inclusa la povertà, la depressione e il rifiuto da parte di molte case editrici. Ma la sua convinzione nella storia che aveva scritto e la sua determinazione a vederla pubblicata ha dimostrato un incredibile mindset di crescita. La sua capacità di vedere oltre le difficoltà immediate e di perseguire il suo sogno nonostante le avversità ha portato alla creazione di una delle serie di libri più amate e di successo di tutti i tempi.

Thomas Edison: Conosciuto come uno dei più grandi inventori della storia, Edison ha anche conosciuto il gusto dell'insuccesso molte volte. È noto per avere detto: "Non ho fallito. Ho appena trovato 10.000 modi che non funzionano." Questo approccio all'innovazione e alla sperimentazione, insieme alla sua resilienza, lo rende un esempio classico di mindset di crescita. Invece di vedere gli insuccessi come definitivi, li vedeva come passi necessari verso il successo.

Walt Disney: Prima di costruire l'impero di intrattenimento che conosciamo oggi, Disney ha affrontato fallimenti e rifiuti. Il suo primo studio d'animazione è fallito, e lui stesso è stato licenziato da un giornale perché "mancava di immaginazione e non aveva buone idee". Nonostante queste battute d'arresto, Disney ha continuato a perseguire la sua passione per l'animazione e a sperimentare nuove idee, il che alla fine ha portato al successo straordinario che la Disney Company gode oggi.

Questi esempi dimostrano che le sfide e gli ostacoli possono essere visti in due modi: come segni definitivi di incapacità o come opportunità per crescere e imparare. La differenza tra questi due modi di vedere le sfide sta alla base della differenza tra un mindset fisso e uno di crescita. I case studies illustrano in modo evidente come l'adozione di un mindset di crescita possa portare a realizzazioni straordinarie, nonostante le avversità. Gli individui con un mindset di crescita sono quelli che vedono le sfide come opportunità, che imparano dai loro errori e che sono determinati a migliorarsi continuamente, indipendentemente dalle circostanze esterne.

La potenza dei case studies risiede nella loro capacità di illustrare in termini concreti e tangibili i principi teorici. Quando si esamina la vita e la carriera di individui come Michael Jordan, J.K. Rowling, Thomas Edison e Walt Disney, emergono chiaramente determinate tendenze comportamentali e modelli di pensiero. Questi individui, nonostante avessero talento e abilità, non sono diventati grandi solo per queste doti innate. Al contrario, ciò che li ha distinti è stata la loro resilienza di fronte alle avversità, la loro inesauribile passione per ciò che amavano e la loro volontà di imparare costantemente e migliorarsi.

Il loro approccio alle sfide della vita non era determinato da un senso innato di superiorità o da un destino predeterminato, ma piuttosto da una profonda convinzione che con l'impegno, l'allenamento e l'apprendimento, potessero superare qualsiasi ostacolo e raggiungere i loro obiettivi. Questa mentalità, contrariamente a un mindset fisso che vede le capacità come statiche e immutabili, ha permesso loro di vedere ogni insuccesso non come un verdetto sul loro valore o potenziale, ma come un'opportunità per crescere e imparare.

Quindi, quando consideriamo questi esempi, non dobbiamo semplicemente ammirare i loro successi o le loro realizzazioni, ma piuttosto comprendere e assimilare le lezioni intrinseche nei loro percorsi. È la mentalità, più che il talento, che ha spesso fatto la differenza. Questi case studies sono testimonianze potenti dell'importanza di adottare un mindset di crescita, e delle incredibili possibilità che si possono realizzare quando lo si fa.

In sintesi, i case studies presentati sono molto più che semplici aneddoti o storie di successo; sono esempi palpabili di come un mindset di crescita possa trasformare potenziali e capacità in realizzazioni straordinarie. Attraverso l'analisi delle loro vite, possiamo identificare e assimilare strategie e principi che possono aiutarci a coltivare un mindset simile, portando a trasformazioni positive nella nostra stessa vita e carriera.

15. Mindset nelle organizzazioni: Come le aziende possono incoraggiare un mindset di crescita.

Un'organizzazione, come un individuo, è fortemente influenzata dalla mentalità che adotta. La cultura aziendale, la strategia, la gestione delle risorse umane e le operazioni quotidiane possono essere influenzate dal tipo di mindset predominante. Quando un'azienda promuove attivamente e incoraggia un mindset di crescita tra i suoi dipendenti, può sperimentare benefici significativi in termini di innovazione, adattabilità e performance generale.

1. **Promuovere una Cultura di Apprendimento**: Le aziende che valorizzano l'apprendimento e la formazione tendono a vedere errori e fallimenti come opportunità per migliorare piuttosto che come segni di inadeguatezza. Corsi di formazione, workshop e seminari possono diventare strumenti fondamentali per promuovere una mentalità orientata alla crescita.

2. **Riconoscere e Celebrare la Resilienza**: Invece di premiare solo i successi, le organizzazioni dovrebbero anche riconoscere gli sforzi e la resilienza dei dipendenti. Questo può aiutare a promuovere un ambiente in cui i lavoratori non temono di assumersi dei rischi per paura di fallire.

3. **Feedback Costruttivo**: Fornire un feedback regolare e costruttivo aiuta i dipendenti a vedere le aree di miglioramento non come critiche personali, ma come opportunità per la crescita professionale.

4. **Mentoring e Coaching**: Creare programmi di mentoring in cui i dipendenti più esperti supportano quelli meno esperti può aiutare a instillare un mindset di crescita. Questi rapporti possono fornire consigli, supporto e una prospettiva diversa, incoraggiando la crescita personale e professionale.

5. **Assunzioni e Promozioni basate sull'Attitudine e il Potenziale**: Valutare i candidati non solo in base alle competenze attuali ma anche in base al potenziale di crescita può portare all'assunzione di individui con un forte mindset di crescita.

6. **Incoraggiare l'Autonomia e l'Iniziativa**: Dare ai dipendenti la libertà di esplorare nuove idee e approcci può incentivare una mentalità orientata all'innovazione e alla crescita.

7. **Comunicazione Aperta**: Incoraggiare una cultura di comunicazione aperta dove i dipendenti si sentono a proprio agio nel condividere idee, feedback e preoccupazioni può aiutare a promuovere un ambiente di supporto e crescita.

8. **Flessibilità ed Adattabilità**: Promuovere una cultura che valuta e accoglie il cambiamento, piuttosto che resistervi, può aiutare le organizzazioni a rimanere competitive e adattarsi alle sfide emergenti.

In conclusione, un'organizzazione che adotta un mindset di crescita non solo beneficia delle capacità individuali dei suoi dipendenti, ma crea anche un ambiente in cui l'innovazione, l'adattabilità e la crescita continuano sono al centro della sua cultura. Questo, a sua volta, può portare a una maggiore soddisfazione dei dipendenti, una maggiore lealtà e, in ultima analisi, a un successo aziendale sostenibile.

Incorporare un mindset di crescita nelle organizzazioni è fondamentale non solo per la crescita individuale dei dipendenti, ma anche per la prosperità complessiva dell'azienda. Alcune delle principali aziende al mondo hanno realizzato che per rimanere competitive in un mercato in continua evoluzione, devono abbracciare il cambiamento e l'innovazione, alimentando continuamente una mentalità di apprendimento.

Creazione di un Ambiente Sicuro: È cruciale che le aziende instaurino un ambiente in cui i dipendenti si sentano sicuri nel condividere le loro idee, anche se sono al di fuori della norma. Questa sensazione di sicurezza può ridurre la paura del giudizio e incoraggiare la creatività e l'innovazione.

Investire nella Formazione Continua: L'istruzione non dovrebbe fermarsi una volta che un dipendente ha raggiunto una certa posizione. Le aziende di successo spesso investono in programmi di formazione continua, offrendo ai dipendenti l'opportunità di sviluppare nuove competenze e approfondire la loro comprensione in aree specifiche.

Incoraggiare la Collaborazione Tra Dipartimenti: Molte aziende operano in silos, con ogni dipartimento che si concentra esclusivamente sulle proprie responsabilità. Incoraggiare la collaborazione tra dipartimenti può portare a idee innovative e soluzioni che non sarebbero state possibili operando isolatamente.

Sviluppare Programmi di Rotazione del Personale: Offrire ai dipendenti l'opportunità di lavorare in diversi ruoli o dipartimenti può non solo migliorare la loro comprensione dell'azienda nel suo complesso, ma può anche aiutare a sviluppare nuove competenze e un approccio più flessibile al lavoro.

Gestione del Rischio e Accettazione del Fallimento: Invece di punire i fallimenti, alcune aziende li vedono come opportunità di apprendimento. Quando il fallimento è visto come una parte naturale del processo di innovazione, può ridurre la paura associata al tentativo di nuove idee e incoraggiare una maggiore sperimentazione.

Introduzione di Iniziative di Benessere dei Dipendenti: La salute mentale e il benessere generale dei dipendenti giocano un ruolo cruciale nel promuovere un mindset di crescita. Quando i dipendenti si sentono supportati e curati, sono più propensi a sperimentare, innovare e crescere professionalmente.

Creazione di Gruppi di Discussione e Laboratori: Questi possono servire come piattaforme per i dipendenti per condividere idee, discutere di sfide e collaborare su soluzioni innovative. Questi gruppi possono anche aiutare a instillare un senso di appartenenza e comunità all'interno dell'organizzazione.

Incorporare il Feedback dei Clienti: Spesso, le aziende vedono il feedback dei clienti come una critica. Tuttavia, queste informazioni possono essere incredibilmente preziose. Avere un sistema in cui il feedback dei clienti viene regolarmente raccolto, discusso e utilizzato per guidare l'innovazione può aiutare le aziende a rimanere competitive e adattarsi alle esigenze del mercato in evoluzione.

Con tutte queste strategie, è evidente che promuovere un mindset di crescita nelle organizzazioni non è un compito da poco. Richiede un impegno da parte della leadership aziendale, una cultura aziendale solida e il supporto e la collaborazione dei dipendenti. Tuttavia, gli sforzi investiti possono portare a benefici duraturi sia per l'azienda che per i suoi dipendenti.

Integrare un mindset di crescita in un contesto aziendale va oltre la semplice formazione dei dipendenti; implica la ristrutturazione di molte dinamiche interne ed esterne all'organizzazione. Ciò può influenzare non solo l'ambiente di lavoro, ma anche le relazioni con i clienti, i fornitori e altri stakeholder.

Reclutamento Orientato al Mindset di Crescita: Quando si tratta di assumere nuovi talenti, le aziende possono iniziare a dare priorità a candidati che dimostrano una predisposizione al continuo apprendimento e alla resilienza di fronte alle sfide. Questo può includere la valutazione delle esperienze passate di un candidato in termini di superamento di ostacoli o la capacità di adattarsi a nuovi ambienti lavorativi.

Mentorship e Coaching: Creare programmi di mentorship dove i dipendenti più esperti possono guidare quelli meno esperti non solo trasmette conoscenze tecniche, ma può anche aiutare a inculcare un mindset di crescita. Questi rapporti possono offrire supporto, incoraggiare la riflessione e la sperimentazione e, infine, promuovere una cultura di continua evoluzione.

Sistemi di Valutazione Flessibili: La tradizionale valutazione delle prestazioni potrebbe non essere sufficiente in un ambiente che promuove un mindset di crescita. È essenziale avere sistemi di valutazione che riconoscono e premiano non solo i risultati, ma anche l'impegno, la creatività, l'innovazione e la capacità di superare le sfide.

Coinvolgimento Comunitario: Estendere la filosofia del mindset di crescita oltre i confini dell'azienda può essere benefico. Organizzare e partecipare a workshop comunitari, seminari e altre iniziative può aiutare a promuovere questo mindset a un pubblico più ampio, stabilendo allo stesso tempo l'immagine dell'azienda come leader progressista nel suo settore.

Riconoscere l'Individualità: Ogni dipendente ha un modo unico di approcciare problemi e sfide. Riconoscere e celebrare questa individualità può non solo aumentare la fiducia e l'autostima dei dipendenti, ma anche incoraggiare soluzioni innovative che potrebbero non emergere in un ambiente più conformista.

Iniziative Cross-funzionali: Promuovere progetti che richiedono la collaborazione tra diversi dipartimenti o squadre può aiutare a rompere le barriere, stimolare nuove idee e promuovere un'applicazione più ampia del mindset di crescita in tutta l'azienda.

Promozione della Curiosità: Incoraggiare i dipendenti a porsi domande, esplorare nuovi argomenti o settori e sfidare lo status quo può alimentare una cultura aziendale dove l'apprendimento e l'innovazione sono alla base della missione dell'organizzazione.

L'incorporazione di un mindset di crescita nelle organizzazioni è un percorso continuo. Non si tratta solo di implementare nuove politiche o programmi, ma di nutrire una cultura in cui l'apprendimento, la sperimentazione e l'adattabilità sono valori fondamentali. Questo approccio può aiutare le organizzazioni a navigare con successo in un mondo imprevedibile e in rapida evoluzione.

Leadership e Role Modeling: La leadership gioca un ruolo fondamentale nell'incoraggiare un mindset di crescita all'interno di un'organizzazione. I leader che dimostrano un'apertura all'apprendimento, che non hanno paura di ammettere i loro errori e che vedono le sfide come opportunità, possono ispirare i loro team a fare lo stesso. Quando un leader si impegna attivamente nel proprio sviluppo personale e professionale, manda un messaggio potente al resto dell'organizzazione riguardo all'importanza del miglioramento continuo.

Feedback Costruttivo: Creare un ambiente in cui il feedback viene visto come uno strumento di crescita piuttosto che come critica è essenziale. Questo richiede un cambio di prospettiva in cui i manager e i leader offrono suggerimenti e consigli in modo costruttivo, focalizzandosi sulle aree di miglioramento e sulle strategie per raggiungere la crescita, piuttosto che focalizzarsi esclusivamente su ciò che non va.

Opportunità di Formazione: Oltre alle tradizionali formazioni sul lavoro, le organizzazioni possono offrire corsi, workshop e seminari che si concentrano su competenze trasversali, pensiero critico, risoluzione dei problemi e altre aree che incoraggiano un mindset di crescita. Ciò può includere anche l'offerta di risorse per l'apprendimento autonomo, come abbonamenti a piattaforme di formazione online o budget dedicati all'istruzione.

Celebrazione del Processo: Mentre molti ambienti aziendali tendono a premiare solo i risultati, è fondamentale anche celebrare il processo. Riconoscere gli sforzi, la dedizione e il processo di apprendimento può rafforzare l'idea che non si tratta solo della meta, ma anche del viaggio. Questo può aiutare a ridurre la paura del fallimento e a promuovere una maggiore propensione al rischio.

Gruppi di Riflessione: Creare spazi in cui i dipendenti possono condividere le loro esperienze, sfide e lezioni apprese può favorire una cultura di condivisione e apprendimento. Questi gruppi possono fungere da forum per discutere di idee, condividere best practices e riflettere sulle esperienze passate in un ambiente supportivo.

Politiche HR: Le politiche delle risorse umane possono essere riviste e modificate per riflettere un approccio orientato al mindset di crescita. Ciò può includere la revisione dei criteri di promozione, le politiche di formazione e sviluppo e le metriche di valutazione delle prestazioni.

Comunicazione Aperta: Favorire una cultura di comunicazione aperta in cui i dipendenti si sentano liberi di esprimere le loro idee, preoccupazioni e feedback può portare a un ambiente di lavoro più collaborativo e innovativo. Quando le persone si sentono ascoltate e apprezzate, sono più propense a contribuire attivamente e a cercare modi per migliorare se stesse e l'organizzazione.

Integrare un mindset di crescita in un'organizzazione richiede impegno, tempo e risorse. Tuttavia, i benefici a lungo termine in termini di maggiore innovazione, soddisfazione dei dipendenti e successo aziendale possono essere significativi.

Concludendo, il mindset all'interno delle organizzazioni non è solo una questione individuale, ma diventa una forza collettiva che può definire la cultura, la produttività e il successo complessivo di un'entità aziendale. Incoraggiare e coltivare un mindset di crescita in un contesto aziendale va ben oltre l'adottare una serie di pratiche isolate; implica una trasformazione profonda nella maniera in cui l'azienda percepisce il fallimento, il successo, l'apprendimento e il progresso.

Al cuore di questo cambiamento c'è la consapevolezza che le capacità e le intelligenze non sono fisse, ma possono essere sviluppate attraverso l'impegno e l'esperienza. Questa mentalità, quando adottata in maniera diffusa, può trasformare radicalmente l'ambiente di lavoro. Le aziende diventano luoghi dove gli errori sono visti come opportunità di apprendimento, dove i dipendenti sono motivati ad uscire dalle loro zone di comfort, e dove la collaborazione e la condivisione delle conoscenze sono la norma e non l'eccezione.

Una leadership solida e consapevole gioca un ruolo cruciale in questo processo. I leader devono non solo predicare l'importanza di un mindset di crescita, ma devono anche dimostrarlo con il proprio comportamento, accogliendo il feedback, ammettendo i propri errori e mostrando un impegno costante verso il proprio sviluppo personale e professionale.

Le politiche e le pratiche delle risorse umane devono riflettere questa filosofia, premiando non solo i risultati, ma anche l'impegno, la perseveranza e il desiderio di apprendere. La formazione e lo sviluppo dovrebbero essere visti come investimenti a lungo termine, e non semplici spese, fornendo ai dipendenti le risorse e le opportunità di cui hanno bisogno per crescere e prosperare.

Inoltre, affinché questa mentalità si radichi profondamente, è fondamentale che vi sia una comunicazione aperta e autentica in tutta l'organizzazione. Gli individui dovrebbero sentirsi valorizzati e ascoltati, con la libertà di esprimere le proprie opinioni, idee e preoccupazioni senza timore di ripercussioni. Infine, mentre la transizione verso un'organizzazione orientata al mindset di crescita può presentare delle sfide, i benefici potenziali in termini di innovazione, resilienza e successo a lungo termine sono immensi. Le aziende che adottano questa mentalità non solo saranno meglio attrezzate per affrontare le sfide future, ma saranno anche luoghi dove le persone desiderano lavorare, crescere e prosperare.

16. Il ruolo della Feedback Culture: Come dare e ricevere feedback può influenzare il mindset.

La "Feedback Culture" o cultura del feedback è un aspetto cruciale dell'ambiente di lavoro moderno e può avere un impatto significativo sulla formazione e sulla promozione di un mindset, in particolare del mindset di crescita. Questa cultura non si riferisce semplicemente al processo di fornire commenti o valutazioni, ma piuttosto a un ecosistema in cui il feedback viene dato e ricevuto in modo costruttivo, regolare e orientato alla crescita.

1. Significato del Feedback:

Il feedback non è solo una critica o un elogio, ma un mezzo per comprendere meglio se stessi, le proprie capacità e come queste si allineano con le aspettative o gli obiettivi. E, quando dato nel modo giusto, può servire come ponte per chiudere qualsiasi gap di performance e potenziale.

2. Feedback e Mindset di Crescita:

Per coloro con un mindset di crescita, il feedback è un'opportunità. Vedono la critica come informazioni preziose che possono aiutarli a migliorare, piuttosto che come una valutazione negativa del loro valore o capacità intrinseche. Il feedback costruttivo diventa uno strumento per l'apprendimento e la crescita piuttosto che una fonte di vergogna o difesa.

3. Creazione di un Ambiente Sicuro:

Affinché la cultura del feedback sia efficace, le organizzazioni devono creare un ambiente in cui le persone si sentano al sicuro nel dare e ricevere feedback. Questo significa eliminare la paura delle ritorsioni, promuovere l'onestà e la trasparenza e assicurarsi che il feedback sia dato con l'intento di aiutare e non di nuocere.

4. Abilità nella Comunicazione:

Dare feedback efficace è una skill. Richiede chiarezza, empatia e l'abilità di comunicare in modo che il ricevente possa ascoltare, comprendere e agire sul feedback fornito. Anche ricevere feedback richiede capacità, come l'ascolto attivo e la capacità di separare la propria autostima dalla critica.

5. Ciclicità del Feedback:

In una vera cultura del feedback, il feedback non è un evento isolato, ma un processo continuo. Ciò significa che viene dato regolarmente, non solo durante le valutazioni annuali. Questo aiuta a mantenere le persone allineate ai loro obiettivi e consapevoli delle aree in cui possono migliorare.

6. Il Feedback come Leva per la Crescita Organizzativa:

Oltre ai benefici individuali, una cultura solida del feedback può avere un impatto significativo sulla crescita organizzativa. Può portare a una maggiore innovazione, a una maggiore responsabilizzazione e a team più coesi e allineati.

7. Sfide nella Implementazione:

Naturalmente, la creazione di una cultura del feedback non è esente da sfide. Può richiedere una formazione significativa, la gestione della resistenza al cambiamento e la necessità di adeguare le strutture esistenti per supportare una comunicazione più aperta e frequente.

Concludendo, la cultura del feedback, quando implementata e gestita correttamente, può essere uno strumento potente per promuovere un mindset di crescita all'interno delle organizzazioni. Offre un mezzo per le persone di ricevere input costruttivo sul loro lavoro, comprenderne il valore e utilizzare tali informazioni per crescere sia professionalmente che personalmente. E, a livello organizzativo, può portare a team più efficaci, maggiore innovazione e una cultura aziendale orientata all'apprendimento e alla crescita continua.

La cultura del feedback, nell'era contemporanea, ha acquistato un'importanza sempre maggiore, soprattutto nel contesto lavorativo e organizzativo. Le dinamiche legate al feedback sono diventate centrali per la creazione di un ambiente lavorativo che favorisce lo sviluppo professionale e la motivazione dei singoli componenti.

L'aspetto relazionale del feedback:
Nel dare e ricevere feedback, è fondamentale considerare l'aspetto relazionale tra chi fornisce il feedback e chi lo riceve. Questa relazione può influenzare profondamente come il feedback viene percepito e utilizzato. Ad esempio, se un dipendente ha un rapporto di fiducia con il suo superiore, sarà più propenso ad accogliere il feedback in maniera costruttiva, indipendentemente dal contenuto del feedback stesso.

La personalizzazione del feedback:
Non tutte le persone reagiscono allo stesso modo al feedback. Alcune persone possono preferire un approccio diretto e chiaro, mentre altre possono trarre beneficio da un approccio più sfumato e sottolineato. È quindi essenziale che chi fornisce il feedback comprenda le individualità e personalizzi l'approccio in base alla persona con cui sta interagendo.

Gli strumenti tecnologici e il feedback:
Con l'avvento della tecnologia, sono emersi nuovi strumenti e piattaforme che facilitano il processo di feedback. Piattaforme come software di valutazione delle prestazioni o app di feedback anonimo possono offrire alle persone un modo per condividere le loro opinioni in un ambiente strutturato e a volte anche anonimo, il che può incoraggiare una maggiore onestà e apertura.

La temporalità del feedback:
Mentre è essenziale che il feedback sia tempestivo, è altrettanto importante che venga fornito in momenti appropriati. Ad esempio, fornire feedback negativo immediatamente prima di una presentazione importante potrebbe demoralizzare inutilmente un individuo. D'altra parte, ritardare troppo potrebbe rendere il feedback irrilevante o potrebbe fare sì che il destinatario si senta sorpreso o attaccato.

Feedback e cultura aziendale:
La modalità con cui il feedback viene dato e ricevuto può riflettere e influenzare la cultura aziendale. Ad esempio, un'organizzazione che valorizza l'innovazione e la crescita potrebbe avere una cultura del feedback più aperta e orientata all'apprendimento. D'altra parte, un'organizzazione che valorizza la conformità potrebbe avere un approccio al feedback più formale e strutturato.

Feedback e benessere dei dipendenti:
Numerose ricerche hanno mostrato che un feedback efficace può contribuire al benessere dei dipendenti. Sentirsi ascoltati, compresi e valutati può aumentare la motivazione, l'engagement e la soddisfazione lavorativa. Al contrario, sentirsi ignorati o non valutati può portare a sentimenti di frustrazione, alienazione e burnout.

Nel complesso, la cultura del feedback è una componente intricata e multifaccettata dell'ambiente lavorativo. Tuttavia, quando viene gestita con cura e attenzione, può diventare un potente catalizzatore per la crescita personale e organizzativa.

L'importanza del feedback positivo e costruttivo:

Mentre il feedback negativo può essere essenziale per evidenziare le aree di miglioramento, il feedback positivo e costruttivo svolge un ruolo cruciale nell'incoraggiare comportamenti e atteggiamenti desiderabili. Riconoscere i successi, anche quelli piccoli, può aumentare la motivazione e la fiducia di un individuo, motivandolo a impegnarsi ulteriormente e a mirare a standard più elevati.

Il feedback come opportunità di apprendimento:

Invece di vedere il feedback come una critica o un giudizio, può essere utile vederlo come un'opportunità di apprendimento. In questa prospettiva, il feedback diventa uno strumento per l'auto-miglioramento, permettendo alle persone di comprendere meglio le proprie aree di forza e di debolezza e di agire di conseguenza.

La preparazione al feedback:

Prima di fornire feedback, è essenziale essere preparati. Ciò potrebbe significare avere esempi concreti a portata di mano, essere chiari sugli obiettivi del feedback e assicurarsi di essere in uno stato d'animo costruttivo. Allo stesso modo, chi riceve il feedback dovrebbe essere mentalmente preparato ad ascoltare, riflettere e agire sulle informazioni ricevute.

Evitare i bias nel dare feedback:
Tutti hanno bias inconsci che possono
influenzare la loro percezione e giudizio. Nel
contesto del feedback, questi bias possono
portare a valutazioni inesatte o ingiuste. Ad
esempio, il "bias di recente" potrebbe portare
qualcuno a basare il feedback su eventi recenti
piuttosto che su un periodo di tempo più esteso.
È essenziale riconoscere e controllare questi bias
per garantire che il feedback sia il più obiettivo e
accurato possibile.

Feedback e leadership:
I leader hanno un ruolo particolarmente critico
nel plasmare la cultura del feedback all'interno di
un'organizzazione. La loro disponibilità a
ricevere feedback, così come la loro abilità nel
fornirlo, può influenzare profondamente come gli
altri membri dell'organizzazione vedono e
interagiscono con il feedback. Un leader che
accoglie il feedback e agisce in base ad esso può
ispirare altri a fare lo stesso.

Feedback e team building:
Nel contesto del lavoro di squadra, il feedback
può essere uno strumento essenziale per
rafforzare la coesione del team e migliorare la
collaborazione. Tuttavia, è essenziale che il
feedback sia dato in un modo che sostenga la
fiducia e il rispetto reciproco. In un team, il
feedback può aiutare a chiarire le aspettative,

risolvere i conflitti e assicurare che tutti i membri del team siano allineati verso obiettivi comuni. Incorporare una cultura efficace del feedback richiede impegno, riflessione e pratica continua. Ma con l'approccio giusto, il feedback può diventare una delle risorse più preziose per il successo individuale e organizzativo.

La cultura del feedback, nella sua essenza, è una pratica che intreccia intrinsecamente il processo di dare, ricevere e agire sul feedback in maniera continua all'interno di un'organizzazione o di una relazione. Questa pratica, quando implementata correttamente, ha il potenziale di trasformare profondamente l'efficacia, l'efficienza e la salute delle dinamiche di lavoro.

Centralità del feedback:

In un contesto professionale, il feedback non è semplicemente un accessorio; è una necessità. Permette una chiara comprensione delle aspettative, identifica aree di miglioramento e riconosce gli sforzi e i risultati. Senza un feedback costruttivo, gli individui e le squadre possono diventare complacenti, misconoscere la qualità del proprio lavoro o persino sentirsi insoddisfatti a causa della mancanza di riconoscimento.

Impatto sul Mindset:
La cultura del feedback può influenzare direttamente il mindset delle persone. Se il feedback è dato in modo costruttivo, può promuovere un mindset di crescita, poiché gli individui vedono le critiche non come una minaccia, ma come un'opportunità per crescere e migliorare. Al contrario, un feedback costantemente negativo o dato in modo non costruttivo può promuovere un mindset fisso, dove le persone vedono le critiche come giudizi personali e diventano meno recettive al cambiamento.

Principi del feedback costruttivo:
Per garantire che il feedback porti a risultati positivi, è essenziale seguirne alcuni principi. Il feedback dovrebbe essere:

1. **Specifico:** Basarsi su comportamenti o risultati osservabili, piuttosto che su valutazioni vaghe.
2. **Tempestivo:** Fornito poco dopo l'azione o il risultato in questione, in modo che sia ancora fresco e pertinente.
3. **Bilanciato:** Mescolare feedback positivi con suggerimenti per il miglioramento.
4. **Data in uno spirito di aiuto:** L'obiettivo dovrebbe essere supportare e guidare, non criticare per il gusto di farlo.

Strumenti e risorse:
Con l'avvento della tecnologia, ci sono ora molte

piattaforme e strumenti che facilitano il feedback. Queste piattaforme possono aiutare a monitorare, tracciare e analizzare il feedback in modo sistematico, permettendo alle organizzazioni di agire sul feedback in modo più efficace e tempestivo.

In sintesi, una cultura del feedback ben curata è più di una semplice pratica: è una filosofia che permea l'intera organizzazione. Quando ben implementato, può portare a una maggiore soddisfazione dei dipendenti, a una maggiore produttività e a un ambiente di lavoro più armonioso e collaborativo. Ma come con qualsiasi altro aspetto della cultura organizzativa, richiede impegno, attenzione e, naturalmente, feedback continuo.

17. Mindset e Salute Mentale: La connessione tra benessere mentale e mindset.

Il rapporto tra mindset e salute mentale è profondo e interconnesso. La nostra mentalità, o la lente attraverso la quale percepiamo e interpretiamo le esperienze, può avere un impatto diretto sulla nostra salute mentale e viceversa. Analizziamo questa connessione in dettaglio.

Mindset come filtro cognitivo:
Il nostro mindset funge da filtro attraverso il quale interpretiamo gli eventi della nostra vita. Un mindset di crescita può portare a percepire le sfide come opportunità di apprendimento, mentre un mindset fisso potrebbe portarci a vedere gli stessi eventi come minacce insormontabili. Questa differenza nella percezione può influenzare direttamente il nostro benessere mentale, determinando se ci sentiamo capaci e resilienti o impotenti e sopraffatti.

Mindset di crescita e resilienza:
Le persone con un mindset di crescita tendono a mostrare una maggiore resilienza di fronte alle avversità. Vedono i fallimenti non come prove della loro incapacità, ma come feedback per la loro crescita. Questa prospettiva può ridurre l'incidenza di sentimenti come la depressione,

l'ansia o l'autocritica, poiché le difficoltà vengono viste come parte del percorso di apprendimento.

Mindset fisso e vulnerabilità psicologica: Un mindset fisso può rendere un individuo più vulnerabile a disturbi mentali. Se una persona crede che le sue capacità siano statiche e immutabili, ogni fallimento o critica può essere percepito come un attacco personale, portando a sentimenti di inadeguatezza. Questi sentimenti possono, nel tempo, contribuire a problemi come bassa autostima, depressione e ansia.

Mindset e autocompassione: L'autocompassione, che è la capacità di trattarsi con gentilezza e comprensione di fronte a difficoltà o fallimenti, è strettamente legata al mindset. Coloro che possiedono un mindset di crescita sono spesso più capaci di autocompassione, poiché vedono le difficoltà come esperienze da cui imparare piuttosto che come misure definitive del proprio valore.

Influenza della salute mentale sul mindset: Sebbene il mindset possa influenzare la salute mentale, la relazione è bidirezionale. Condizioni come la depressione, l'ansia o il trauma possono distortare la percezione di sé e del mondo, portando a un mindset più fisso. È importante riconoscere questi schemi e, se necessario, cercare aiuto professionale per affrontarli.

Strategie terapeutiche basate sul mindset:
Alcuni approcci terapeutici, come la terapia cognitivo-comportamentale, si concentrano sulla ristrutturazione dei pensieri e delle credenze limitanti, aiutando gli individui a sviluppare un mindset più adattivo e sano. Attraverso esercizi e riflessioni, i terapeuti possono aiutare i pazienti a riconoscere e sfidare i loro schemi di pensiero limitanti.

In conclusione, il mindset e la salute mentale sono strettamente intrecciati e si influenzano a vicenda. Avere consapevolezza del proprio mindset e lavorare attivamente per coltivare un mindset di crescita può portare a una maggiore resilienza e benessere mentale. Allo stesso tempo, mantenere una salute mentale ottimale può rafforzare e sostenere un mindset positivo.

La connessione tra mindset e salute mentale va oltre la semplice interazione tra pensiero e percezione; si estende all'essenza di come viviamo, interagiamo e interpretiamo le sfide quotidiane. Sia che ci troviamo ad affrontare piccoli ostacoli quotidiani o grandi avversità, il nostro mindset plasmerà la nostra risposta emotiva, cognitiva e comportamentale a tali situazioni.

Mindset e autostima:
L'autostima è la valutazione globale che facciamo di noi stessi. Un mindset di crescita può contribuire a una maggiore flessibilità nella nostra autostima. Se possediamo un mindset di crescita, riconosciamo che i nostri valori non sono determinati da successi o fallimenti isolati, ma piuttosto da un continuo processo di apprendimento e sviluppo. Al contrario, con un mindset fisso, potremmo interpretare un singolo fallimento come una prova della nostra inadeguatezza, portando a un calo dell'autostima.

Mindset e regolazione emotiva:
La nostra capacità di gestire e regolare le nostre emozioni è influenzata dal nostro mindset. Un mindset di crescita favorisce una maggiore regolazione emotiva, in quanto le emozioni negative vengono viste come temporanee e gestibili. Le persone con un mindset fisso, invece, potrebbero avere difficoltà a gestire emozioni negative, poiché potrebbero percepirle come costanti o immutabili.

Mindset e relazioni interpersonali:
Il nostro mindset influisce anche sul modo in cui ci relazioniamo con gli altri. Con un mindset di crescita, tendiamo ad essere più aperti al feedback, alla comunicazione e alla comprensione reciproca. Tendiamo a vedere conflitti o disaccordi come opportunità per

crescere e apprendere. D'altro canto, un mindset fisso può portare a evitare conflitti, a resistere al feedback e a vedere le relazioni in termini più binari di "buono" o "cattivo".

Mindset e gestione dello stress:

Il modo in cui percepiamo e gestiamo lo stress è strettamente legato al nostro mindset. Coloro che adottano un mindset di crescita tendono a vedere lo stress come una sfida da superare, mentre quelli con un mindset fisso potrebbero vederlo come una minaccia insormontabile. Questa differenza nella percezione può determinare se lo stress diventa un catalizzatore per la crescita o una fonte di burnout.

Mindset e terapie integrate:

Nel campo della psicoterapia, ci sono molti approcci che integrano la nozione di mindset nel loro schema terapeutico. Terapie come la terapia di accettazione e impegno o la terapia basata sulla mindfulness incoraggiano gli individui a sviluppare una mentalità aperta, accettante e focalizzata sulla crescita. Questi approcci mirano a aiutare gli individui a navigare attraverso le sfide della vita con maggiore consapevolezza, accettazione e resilienza.

Nel contesto più ampio della vita, è evidente che il mindset non è solo una questione di come pensiamo, ma influisce profondamente su come ci sentiamo, come agiamo e come interagiamo con il mondo intorno a noi.

La correlazione tra mindset e salute mentale si manifesta in vari modi e ha profonde ripercussioni su numerosi aspetti del benessere psicologico. Ecco una disamina conclusiva di questa connessione.

La resilienza attraverso il mindset:
La resilienza è la capacità di un individuo di affrontare e superare avversità e stress. Coloro che possiedono un mindset di crescita tendono ad avere livelli più elevati di resilienza. Considerano le difficoltà come opportunità di apprendimento e sviluppo piuttosto che come insuperabili ostacoli. Questa prospettiva consente loro di affrontare le sfide con una mentalità proattiva, riducendo il rischio di esiti negativi come la depressione o l'ansia.

Prevenzione e intervento:
Riconoscere il potere del mindset nella salute mentale offre strumenti preziosi sia in termini di prevenzione che di intervento. Educare gli individui sull'importanza di sviluppare un mindset di crescita può aiutarli a prevenire l'insorgenza di problemi di salute mentale. Allo stesso tempo, nelle situazioni in cui una persona sta già affrontando sfide psicologiche,

l'integrazione del lavoro sul mindset può potenziare l'efficacia degli interventi terapeutici.

Benefici a lungo termine:

Oltre a offrire vantaggi immediati, l'adozione di un mindset di crescita può avere effetti positivi duraturi sulla salute mentale. Può influenzare positivamente le abitudini, i comportamenti e le scelte di vita di un individuo, che a loro volta possono ridurre il rischio di sviluppare disturbi psicologici nel futuro.

Integrazione nella pratica clinica:

Per i professionisti della salute mentale, comprendere la connessione tra mindset e benessere psicologico è fondamentale. L'incorporazione di tecniche e strategie per coltivare un mindset di crescita nella pratica clinica può migliorare l'efficacia delle terapie, promuovendo un cambiamento duraturo e profondo.

Conclusione:

In sintesi, il mindset gioca un ruolo cruciale nella determinazione della salute mentale di un individuo. Un mindset di crescita non solo migliora la capacità di affrontare le sfide quotidiane, ma può anche offrire una protezione contro l'insorgenza di problemi psicologici. Inoltre, integrando il concetto di mindset nella pratica clinica e nella formazione, possiamo potenziare gli interventi terapeutici e fornire alle persone gli strumenti necessari per vivere una vita psicologicamente sana e appagante. Il mindset, quindi, non è solo una questione di come percepiamo il mondo, ma può essere la chiave per una salute mentale ottimale.

18. Il ruolo dell'educazione e dell'apprendimento continuo nel plasmare il mindset.

L'educazione e l'apprendimento continuo giocano un ruolo fondamentale nel plasmare e rafforzare il nostro mindset. Questo collegamento esiste a vari livelli, dalla nostra prima infanzia fino all'età adulta, e influisce sia sulla nostra percezione di noi stessi che sulla nostra capacità di affrontare le sfide della vita. **Formazione iniziale e prime impressioni:** Tutto inizia con l'educazione che riceviamo da bambini. Le interazioni con insegnanti, genitori e coetanei possono avere un impatto significativo sul tipo di mindset che sviluppiamo. Se da bambini siamo elogiati per il nostro "talento" o la nostra "intelligenza" piuttosto che per il nostro "sforzo" o il nostro "processo di apprendimento", potremmo iniziare a sviluppare un mindset fisso. Al contrario, se ci viene insegnato a vedere gli errori come opportunità di apprendimento e a valorizzare la perseveranza, sarà più probabile che sviluppiamo un mindset di crescita.

L'importanza degli ambienti di apprendimento:

Le scuole e le istituzioni educative che promuovono un clima di apprendimento basato sulla curiosità, sull'esplorazione e sulla valorizzazione degli errori come parte integrante del processo di apprendimento sono più propense a nutrire un mindset di crescita nei loro studenti. Gli ambienti che invece enfatizzano la competizione e i risultati possono, involontariamente, promuovere un mindset fisso.

Apprendimento continuo e adattabilità:

Con l'avanzare dell'età, la capacità di continuare ad apprendere e adattarsi diventa essenziale per mantenere un mindset di crescita. In un mondo in rapida evoluzione, dove le competenze di oggi potrebbero non essere più rilevanti domani, l'importanza dell'apprendimento continuo non può essere sottovalutata. Coloro che si impegnano in un apprendimento costante e vedono l'educazione come un viaggio senza fine sono più propensi a mantenere una mentalità aperta e flessibile.

Autoregolazione e metacognizione:

L'educazione e l'apprendimento non riguardano solo l'acquisizione di nuove informazioni. Imparare a pensare su come pensiamo, o metacognizione, è fondamentale per plasmare il nostro mindset. La capacità di riflettere sulle nostre strategie di apprendimento, riconoscere le nostre lacune e regolare di conseguenza il nostro approccio è centrale per sviluppare un mindset di crescita.

La lifelong learning come cultura:
In una società che valorizza l'apprendimento continuo, il mindset di crescita può prosperare. L'idea che siamo studenti per tutta la vita, che ci sia sempre qualcosa di nuovo da imparare e che siamo capaci di cambiare e crescere a qualsiasi età, sostiene la nozione che il nostro potenziale non è fisso.

Conclusione:
L'educazione e l'apprendimento continuo non solo forniscono le competenze e le conoscenze necessarie per navigare nel mondo, ma plasmano anche il modo in cui vediamo noi stessi e le sfide che incontriamo. Creando ambienti educativi che promuovono la curiosità, l'esplorazione e l'approccio riflessivo, e valorizzando l'apprendimento come un viaggio che dura tutta la vita, possiamo nutrire e rafforzare un mindset di crescita in individui di tutte le età.

L'educazione e l'apprendimento continuo sono intimamente collegati al nostro sviluppo personale e professionale. Ma oltre ai contesti formali di apprendimento, ci sono innumerevoli modalità e circostanze attraverso le quali possiamo influenzare e sviluppare ulteriormente il nostro mindset.

Ruolo dei mentor e degli educatori:

Ogni individuo nel corso della vita incrocia persone che fungono da guide, mentori o figure ispiratrici. Queste persone possono avere un impatto profondo sul nostro modo di percepire l'apprendimento e le sfide. Un mentore può incoraggiare un individuo a perseguire una passione, sfidare le proprie convinzioni limitanti o esplorare nuove prospettive. Questo tipo di supporto esterno spesso aiuta a rafforzare un mindset orientato alla crescita e all'esplorazione.

L'importanza dell'autoapprendimento:

Nell'era dell'informazione, le risorse per l'apprendimento autodiretto sono abbondanti. Piattaforme online, webinar, podcast, e libri sono solo alcune delle risorse disponibili. Coloro che adottano un approccio proattivo all'apprendimento e cercano attivamente nuove opportunità per arricchire le proprie conoscenze tendono a sviluppare un mindset più aperto e adattabile. Questo tipo di mentalità autodiretta può aiutare a vedere le sfide come opportunità piuttosto che come ostacoli insormontabili.

La relazione tra mindset e neuroplasticità: Recenti ricerche in neuroscienze hanno rivelato che il cervello ha una capacità notevole di cambiare e adattarsi, un fenomeno noto come neuroplasticità. Questo significa che l'apprendimento continuo e la stimolazione mentale possono effettivamente ristrutturare e rafforzare le connessioni neurali. Questa scoperta ribalta la vecchia concezione che l'intelligenza o le capacità cognitive fossero statiche. Invece, con l'esercizio e l'apprendimento continuo, possiamo effettivamente "allenare" il nostro cervello, rendendo la connessione tra educazione, apprendimento continuo e mindset ancora più profonda.

Apprendimento sociale e collaborativo: Non solo impariamo attraverso metodi formali o autodiretti, ma anche attraverso le nostre interazioni con gli altri. L'apprendimento collaborativo, che avviene quando gli individui lavorano insieme per risolvere problemi o esplorare nuovi concetti, può essere estremamente efficace nel plasmare un mindset positivo. Attraverso la collaborazione, impariamo a vedere le sfide da diverse prospettive, a valorizzare i contributi degli altri e ad adottare un approccio più olistico all'apprendimento.

Sfide e resilienza:

Infine, vale la pena considerare come l'apprendimento continuo sia spesso intrinseco nelle sfide della vita. Ogni volta che affrontiamo un ostacolo, abbiamo l'opportunità di imparare e crescere da esso. Questo tipo di apprendimento basato sull'esperienza può essere particolarmente potente nel plasmare il nostro mindset. La capacità di affrontare le sfide con resilienza e vedere gli ostacoli come opportunità di crescita è fondamentale per sviluppare e mantenere un mindset di crescita.

In sintesi, l'educazione e l'apprendimento continuo non sono processi statici o lineari. Sono piuttosto viaggi multidimensionali che ci portano attraverso diverse esperienze, interazioni e sfide. E attraverso questo viaggio, il nostro mindset è continuamente plasmato e rafforzato, influenzando la nostra percezione di noi stessi e del mondo che ci circonda.

L'apprendimento come stimolo per la curiosità:

Nel cuore dell'educazione vi è l'innata curiosità umana. Da bambini, esploriamo il mondo con stupore e meraviglia, ponendo domande e cercando risposte. Questa curiosità naturale può essere alimentata o soppressa a seconda delle nostre esperienze educative. Un ambiente educativo che incoraggia la domanda, l'esplorazione e la sperimentazione può rinvigorire questo senso di meraviglia e rafforzare un mindset di crescita.

Ruolo della tecnologia nell'apprendimento:

Con l'avvento della tecnologia digitale e di Internet, le modalità e le risorse per l'apprendimento sono cambiate drasticamente. Ora abbiamo accesso a una quantità quasi infinita di informazioni a portata di mano. Ma questa abbondanza presenta anche delle sfide. La capacità di filtrare le informazioni, valutarne l'accuratezza e applicarle in modo critico è diventata essenziale. Questo richiede un mindset che sia sia flessibile sia critico, capace di adattarsi rapidamente alle nuove informazioni e di valutarle con discernimento.

Apprendimento formale vs. informale:

Mentre le istituzioni educative svolgono un ruolo cruciale nel fornire un'istruzione strutturata, gran parte dell'apprendimento avviene in contesti informali. Questo può includere conversazioni con gli amici, esperienze di vita, viaggi, o semplicemente osservare il mondo intorno a noi. Questi momenti informali possono avere un impatto profondo sul nostro mindset, in quanto ci offrono spesso nuove prospettive e approfondimenti che non avremmo acquisito altrimenti.

Lifelong Learning (Apprendimento per tutta la vita):

La nozione di "apprendimento per tutta la vita" sottolinea l'idea che l'apprendimento non si ferma mai. Non si limita ai primi anni di istruzione o all'università, ma continua attraverso tutta la nostra vita. Abbracciare questa filosofia significa riconoscere che ci sono sempre nuove opportunità per imparare e crescere, indipendentemente dall'età o dalla fase della vita. Adottando un mindset di crescita, possiamo vedere ogni esperienza come un'opportunità per l'apprendimento e lo sviluppo personale.

L'importanza dell'apprendimento esperienziale:

L'apprendimento non si basa solo sulla teoria o sui libri di testo. Spesso, le lezioni più potenti vengono dalla nostra esperienza diretta. Che si tratti di un tirocinio, di un viaggio all'estero o di un progetto di volontariato, queste esperienze dirette ci permettono di applicare le nostre conoscenze in contesti reali. E attraverso queste esperienze, siamo in grado di riflettere, adattarci e crescere in modi che potrebbero non essere possibili attraverso l'apprendimento puramente teorico.

Impatto delle esperienze culturali sull'apprendimento:

Interagire con culture diverse dalla propria può offrire profonde lezioni sul mondo e su se stessi. Queste esperienze possono sfidare le nostre preesistenti convinzioni e valori, costringendoci a riflettere su ciò che sappiamo e crediamo. Questo tipo di apprendimento interculturale può essere particolarmente potente nel plasmare un mindset aperto e inclusivo.

La vastità dell'apprendimento e dell'educazione, e il modo in cui influenzano il nostro mindset, sono incommensurabili. Ogni esperienza, ogni lezione e ogni interazione offrono nuove opportunità per imparare e crescere, affermando ulteriormente l'importanza dell'apprendimento continuo nella formazione del nostro mindset.

L'educazione e l'apprendimento continuo svolgono un ruolo fondamentale nella formazione e nello sviluppo del nostro mindset. Questi non sono semplicemente processi che si verificano durante i primi anni di vita o durante i periodi di formazione formale, ma piuttosto esperienze che ci accompagnano lungo tutto l'arco della nostra esistenza. Essere esposti a diverse modalità di apprendimento, sia formali che informali, arricchisce la nostra comprensione del mondo e rafforza la nostra capacità di adattamento e di risposta alle sfide.

Ogni individuo attraversa un percorso educativo unico, che porta con sé un insieme distintivo di esperienze e lezioni. La somma di queste esperienze contribuisce a plasmare il nostro modo di vedere il mondo, di affrontare problemi e sfide e di interagire con gli altri. In altre parole, l'educazione e l'apprendimento non sono solo un accumulo di conoscenze, ma anche un percorso di formazione del carattere e di costruzione dell'identità.

Inoltre, la rivoluzione digitale e l'accesso quasi illimitato all'informazione hanno cambiato radicalmente il panorama dell'apprendimento. Mentre in passato la conoscenza era spesso limitata e circoscritta, oggi è diffusa e accessibile. Questo presenta sia opportunità che sfide. Da un lato, mai come oggi abbiamo avuto così tante opportunità di apprendimento a nostra disposizione. Dall'altro, la capacità di discernere, valutare e applicare criticamente queste informazioni è diventata più cruciale che mai. In questo contesto, la capacità di mantenere un mindset di crescita, aperto ma critico, è essenziale.

L'apprendimento esperienziale, che enfatizza il valore delle esperienze dirette, e l'apprendimento interculturale, che si concentra sull'interazione con culture diverse, sono due pilastri fondamentali di un'istruzione olistica. Entrambi sottolineano l'importanza dell'esperienza diretta e della riflessione come metodi chiave per acquisire e integrare nuove conoscenze.

In conclusione, l'educazione e l'apprendimento continuo sono forze motrici nel plasmare il nostro mindset. Ci forniscono gli strumenti per navigare in un mondo in rapida evoluzione, per sfidare e superare i nostri limiti e per costruire un senso di identità e di appartenenza. Abbracciare la filosofia dell'apprendimento per tutta la vita e mantenere un mindset di crescita può arricchire profondamente la nostra vita, migliorando non solo le nostre capacità cognitive, ma anche il nostro benessere emotivo e sociale.

19. Mindset in diversi contesti culturali: Esplorazione di come il concetto di mindset varia nelle diverse culture.

Il concetto di mindset, così come viene compreso e valorizzato, varia considerevolmente tra le diverse culture del mondo. Questa variabilità è influenzata da una vasta gamma di fattori, tra cui tradizioni, valori, storia e pratiche sociali. Di seguito vengono esplorati alcuni modi in cui il concetto di mindset è interpretato e manifestato in diversi contesti culturali.

Cultura Occidentale: In molti paesi occidentali, il concetto di mindset di crescita, come delineato dalla Dr.ssa Carol Dweck, ha guadagnato notevole popolarità. Qui, l'idea che le abilità e le intelligenze possano essere sviluppate attraverso la perseveranza e l'effort è spesso enfatizzata. L'individualismo è un tratto distintivo di molte culture occidentali, pertanto vi è una forte enfasi sull'auto-miglioramento, l'autonomia e la realizzazione personale.

Cultura Asiatica: In molte culture asiatiche, l'apprendimento e la crescita sono profondamente radicati nei valori culturali. Tuttavia, l'idea di crescita può essere vista attraverso una lente collettiva piuttosto che individuale. C'è un forte senso di dovere verso la famiglia e la comunità, e l'armonia sociale è altamente valorizzata. In paesi come la Cina e il Giappone, ad esempio, la perseveranza di fronte all'avversità (come espresso attraverso concetti come "kiai" in Giappone) è una virtù ammirata.

Culture Africane: Mentre l'Africa è un continente vasto e diversificato con molteplici culture e tradizioni, in molte società africane vi è un forte senso di comunità e di appartenenza. Il concetto di "Ubuntu", originario dell'Africa meridionale, incarna l'idea che "io sono perché noi siamo". In questo contesto, il mindset di crescita non è solo una questione personale, ma è legato al benessere dell'intera comunità.

Culture Latino-Americane: In molte culture latino-americane, vi è una forte enfasi sui legami familiari e sulla comunità. L'identità è spesso intrecciata con la famiglia e il luogo di origine. In questo contesto, la crescita e l'apprendimento possono essere visti come modi per arricchire non solo se stessi, ma anche la comunità più ampia. L'importanza della "familia" e della solidarietà collettiva può influenzare come viene percepito e valorizzato il concetto di mindset. Ovviamente, queste sono generalizzazioni e ci saranno molte variazioni all'interno di ciascuna cultura. Tuttavia, è evidente che mentre l'idea di crescita e sviluppo personale è universale, le modalità con cui viene interpretata e manifestata possono variare notevolmente da una cultura all'altra.

In conclusione, il concetto di mindset, pur essendo universale nella sua essenza, si manifesta e si intreccia con i valori e le norme culturali in modi unici e significativi. Per avere una comprensione veramente olistica del mindset, è fondamentale considerare queste variazioni culturali e riconoscere l'importanza delle diverse prospettive e interpretazioni che arricchiscono la nostra comprensione globale del concetto.

Oltre a ciò che è già stato esplorato, ci sono ulteriori sfaccettature del mindset attraverso diverse lenti culturali che meritano attenzione.

Culture Indigene: Molte culture indigene in tutto il mondo hanno una profonda connessione con la terra, gli antenati e le storie tradizionali. Queste storie spesso contengono lezioni e saggezze che sottolineano l'importanza della perseveranza, dell'apprendimento e dell'adattamento. Ad esempio, tra i Maori della Nuova Zelanda, vi è un concetto chiamato "Whakapapa" che rappresenta la genealogia e la connessione con gli antenati. Questa connessione enfatizza la necessità di onorare le generazioni passate attraverso la crescita personale e l'apprendimento continuo.

Culture Mediorientali: In molte culture del Medio Oriente, come quelle arabe, persiane e curde, l'onore e la reputazione della famiglia svolgono un ruolo centrale. Qui, il mindset potrebbe essere influenzato dalla percezione degli altri e dalla posizione della famiglia all'interno della società. Mentre la crescita personale e l'educazione sono altamente valorizzate, possono essere indirizzate in modo da mantenere o migliorare la reputazione familiare nella comunità.

Culture dell'Europa dell'Est: Nei paesi dell'Europa dell'Est, l'importanza di superare le avversità è fortemente radicata a causa delle turbolenze storiche che molte di queste nazioni hanno affrontato nel corso degli anni. La resilienza e la capacità di adattarsi a situazioni in rapido cambiamento sono qualità apprezzate. Quindi, l'idea di un mindset flessibile e in continua crescita è inerente a molte di queste culture.

Culture dell'Asia del Sud: Paesi come l'India, il Pakistan e il Bangladesh hanno una ricca tapezzeria di tradizioni e filosofie. Ad esempio, nell'Induismo, la nozione di "Dharma" si riferisce al dovere e alla rettitudine. Questo concetto può influenzare il mindset in termini di perseguire l'apprendimento e la crescita in modo da adempiere al proprio dovere nella vita, sia esso legato alla carriera, alla famiglia o alla società. Un altro punto fondamentale da considerare è il ruolo delle lingue. La lingua non è solo uno strumento di comunicazione, ma riflette e modella la nostra percezione della realtà. Concetti specifici legati al mindset potrebbero esistere in una lingua e non avere un equivalente esatto in un'altra. Ad esempio, il concetto giapponese di "Ikigai", che si riferisce alla "ragione di essere" o a ciò che dà valore alla vita, offre una prospettiva unica sul mindset e sulla motivazione.

Infine, l'interazione e l'interscambio tra diverse culture, soprattutto in un'era di globalizzazione e connessione digitale, portano a ibridazioni e nuove interpretazioni del mindset. Ad esempio, come le idee occidentali sul mindset di crescita vengono interpretate e integrate in contesti non occidentali? E come le tradizionali filosofie orientali sull'apprendimento e la crescita influenzano le pratiche e le percezioni occidentali? Queste intersezioni offrono un terreno fertile per ulteriori esplorazioni e comprensioni.

Culture Africane: Il continente africano, con le sue diverse nazioni e etnie, ha una moltitudine di culture con uniche filosofie e valori. Ad esempio, l'Ubuntu, un termine originario dei popoli Bantu dell'Africa meridionale, è spesso tradotto come "io sono perché noi siamo". Questa filosofia sottolinea l'interconnessione tra gli individui e l'importanza della comunità. Questo potrebbe influenzare il modo in cui gli individui in queste culture vedono la crescita e l'apprendimento, non solo come un viaggio individuale, ma come qualcosa che ha ripercussioni sulla comunità nel suo insieme.

Culture Sudamericane: In Sud America, la forte presenza di legami familiari e comunitari gioca un ruolo essenziale nel definire il mindset individuale. La nozione di famiglia estesa e l'importanza di appartenenza possono influenzare come le persone vedono la crescita personale. In molti contesti, la crescita e l'educazione sono viste come mezzi per elevare l'intera famiglia o la comunità, piuttosto che come un traguardo strettamente personale.

Culture dei Paesi Scandinavi: I paesi scandinavi, come la Danimarca, la Svezia e la Norvegia, sono spesso citati per il loro alto livello di felicità e benessere. Queste società enfatizzano l'importanza dell'equilibrio tra lavoro e vita privata, il benessere collettivo e la cooperazione. Questi valori possono influenzare un mindset orientato verso la crescita sostenibile, la collaborazione e l'armonia, piuttosto che la competizione.

Culture Insulari: Paesi come l'Islanda, la Nuova Zelanda e le isole del Pacifico hanno spesso una connessione profonda con la natura e l'ambiente circostante. La dipendenza e il rispetto per l'ambiente naturale potrebbero portare a un mindset centrato sulla sostenibilità, la cura e la connessione.

Cultura Nomade: Alcune culture, come i Beduini nel deserto o i Mongoli nelle steppe, hanno tradizioni nomadi. La natura transitoria della vita nomade potrebbe portare a un mindset flessibile e adattabile, sempre pronto a imparare e adattarsi a nuovi ambienti e sfide.

Un'altra considerazione è il ruolo della religione nel plasmare il mindset. Differenti dottrine e pratiche religiose hanno un impatto profondo sul modo in cui le persone vedono il mondo, se stesse e il loro posto in esso. Ad esempio, nelle culture buddiste, la nozione di impermanenza suggerisce che tutto cambia e nulla rimane lo stesso. Questa comprensione può portare a un mindset aperto, pronto ad accettare il cambiamento e a vedere le sfide come opportunità per la crescita spirituale.

È anche essenziale considerare come le culture emergenti, formate dalla fusione di diverse tradizioni e influenze, possano creare nuovi modi di percepire e interpretare il mindset. Ad esempio, come viene visto il mindset nelle comunità di migranti che hanno fuso elementi delle loro culture d'origine con quelli della loro nuova patria? Queste comunità offrono prospettive uniche e preziose sulla natura malleabile e adattabile del mindset umano.

Il concetto di mindset, mentre può sembrare universale in superficie, è profondamente radicato nel tessuto culturale di ogni società. Queste radici culturali influenzano non solo come gli individui percepiscono e interpretano il proprio mindset, ma anche come rispondono alle sfide, come si vedono in relazione agli altri e come definiscono il successo e la crescita personale.

L'esplorazione delle diverse culture del mondo evidenzia l'importanza di considerare il contesto culturale quando si parla di mindset. Ad esempio, mentre in alcune culture occidentali l'indipendenza e la realizzazione individuale possono essere al centro, in altre, come quelle africane o sudamericane, la comunità e l'interdipendenza possono avere un ruolo centrale. Queste differenze non sono solo superficiali, ma possono influenzare profondamente come le persone interpretano sfide, fallimenti, successi e opportunità di crescita.

Inoltre, il ruolo della religione, della storia e delle tradizioni può fornire ulteriori sfumature al modo in cui il mindset viene percepito. Ad esempio, in culture con una forte tradizione buddista, l'accento potrebbe essere posto sull'accettazione, sull'impermanenza e sulla visione delle sfide come opportunità di crescita spirituale, piuttosto che ostacoli.

Allo stesso modo, le culture emergenti, nate dall'interazione e dall'integrazione di diverse tradizioni, presentano opportunità uniche per osservare come i mindset si evolvono e si adattano. In un mondo sempre più globalizzato, le intersezioni di culture diverse stanno diventando la norma piuttosto che l'eccezione. Ciò presenta sia sfide che opportunità per comprendere come i mindset possano essere plasmati, influenzati e cambiati nel tempo.

In conclusione, per avere una comprensione completa e matricata del concetto di mindset, è essenziale guardare oltre le definizioni standardizzate e considerare le ricche tapezzerie culturali che definiscono le società umane. Questa comprensione arricchita non solo ci permette di apprezzare la diversità e la complessità delle esperienze umane ma può anche fornire strumenti preziosi per navigare le sfide del mondo moderno, incoraggiando l'empatia, l'apertura e un approccio veramente globale alla crescita personale e collettiva.

21. Conclusione e Riflessioni finali: Come utilizzare queste informazioni nella vita quotidiana per migliorare la propria performance.

La conclusione di un viaggio attraverso il mondo del mindset ci porta a riflettere su come possiamo applicare queste conoscenze nella vita quotidiana per migliorare la nostra performance e il nostro benessere generale.

1. **Consapevolezza del proprio Mindset:** Il primo passo è diventare consapevoli del proprio mindset. Riflettete su come vedete le sfide, i fallimenti e le opportunità di crescita. Siete inclini a un mindset fisso che vede le vostre abilità come fisse, o abbracciate un mindset di crescita che vede il potenziale per migliorare attraverso l'apprendimento e lo sforzo?

2. **Cambiare il Linguaggio Interno:** Il modo in cui parliamo a noi stessi può influenzare il nostro mindset. Siate consapevoli del vostro dialogo interno e cercate di sostituire pensieri negativi con affermazioni positive che promuovano la crescita e l'autostima.

3. **Abbracciare la Resilienza:** La vita è piena di sfide e ostacoli. Vederli come opportunità per imparare e crescere anziché come insormontabili può aiutarci a sviluppare una maggiore resilienza.

4. **Cultivare l'Empatia:** Riconoscere che le persone hanno mindset diversi dovrebbe portare a una maggiore empatia. Comprendere che gli altri possono vedere il mondo in modi diversi può migliorare le relazioni personali e professionali.

5. **Crescita Personale Continua:** L'apprendimento non dovrebbe mai fermarsi. Abbiate l'atteggiamento di cercare nuove conoscenze e sfide. Partecipate a corsi, leggete libri, e cercate l'ispirazione ovunque.

6. **Accettazione e Compassione:** Accettate che fare errori sia normale e parte del processo di crescita. Sviluppate un atteggiamento compassionevole verso voi stessi e gli altri, riconoscendo che nessuno è perfetto.

7. **Cambiamento Ambientale:** Se possibile, cercate di creare un ambiente che supporti il vostro mindset di crescita. Questo potrebbe includere connettersi con persone che incoraggiano la vostra crescita e cercare contesti in cui potete mettervi alla prova.

8. **Riflessione Continua:** Periodicamente, fate una riflessione sul vostro mindset e sul progresso che avete compiuto nel migliorare la vostra performance e il vostro benessere. Celebrate i vostri successi e identificate le aree in cui potete continuare a crescere.

In definitiva, il mindset non è fisso o statico; è flessibile e può essere coltivato nel tempo. Con la giusta consapevolezza, impegno e pratica, è possibile spostarsi verso un mindset di crescita che potenzia la vostra performance e il vostro benessere. Ricordate che il viaggio verso un mindset di crescita è un processo continuo, ma i benefici che ne derivano possono trasformare la vostra vita in modi sorprendenti e significativi.

In questa esplorazione del mondo del mindset e del suo impatto sulla performance, abbiamo attraversato una vasta gamma di concetti, teorie e pratiche che possono aiutarci a comprendere meglio noi stessi e adottare un approccio più positivo e orientato alla crescita verso la vita. Ecco un breve riassunto dei principali punti affrontati:

1. Abbiamo iniziato con una panoramica del "Paradosso della Performance" e come il nostro mindset può essere un potente motore di azione.
2. Abbiamo definito il concetto di mindset e come influisce sulle nostre azioni, esaminando sia il mindset fisso che quello di crescita.
3. Abbiamo esplorato la teoria di Carol Dweck sul mindset fisso e di crescita.
4. Abbiamo analizzato come un mindset fisso può ostacolare la performance e come un mindset di crescita può potenziarla.

5. Abbiamo esaminato il ruolo delle aspettative personali e come ci vediamo in relazione al nostro mindset.
6. Abbiamo esplorato l'Effetto Pigmalione e l'Effetto Golem e come le aspettative altrui possono influenzare la nostra performance.
7. Abbiamo affrontato il tema della paura del fallimento e come superarla.
8. Abbiamo esaminato il potere della visualizzazione e dell'auto-conversazione positiva.
9. Abbiamo fornito strategie pratiche per sviluppare un mindset di crescita.
10.   Abbiamo discusso il ruolo dell'ambiente e come questo possa influenzare il nostro mindset.
11. Abbiamo esplorato la connessione tra mindfulness e performance.
12. Abbiamo sottolineato l'importanza dell'auto-compassione nella performance.
13. Abbiamo presentato casi studio di individui che hanno trasformato il loro mindset per migliorare la performance.
14. Abbiamo esaminato come le aziende possono incoraggiare un mindset di crescita tra i dipendenti.
15. Abbiamo discusso il ruolo della feedback culture e come dare e ricevere feedback può influenzare il mindset.

16.Abbiamo esplorato la connessione tra mindset e salute mentale.
17.Abbiamo affrontato il ruolo dell'educazione e dell'apprendimento continuo nel plasmare il mindset.
18.   Abbiamo esaminato come il concetto di mindset varia nelle diverse culture.
19.Infine, abbiamo discusso come applicare queste conoscenze nella vita quotidiana per migliorare la propria performance.

Se desiderate ulteriori risorse e guide sulla crescita del mindset, vi consiglio di esplorare siti web, libri e corsi che approfondiscono questo argomento. Alcuni siti web e risorse utili includono:

1. **Mindset Online:** Il sito web di Carol Dweck, l'autrice della teoria del mindset di crescita, offre risorse e articoli informativi: Mindset Online.
2. **Coursera:** Coursera offre corsi online sulla crescita del mindset tenuti da esperti in psicologia positiva e sviluppo personale.
3. **Libri:** Alcuni libri consigliati includono "Mindset: The New Psychology of Success" di Carol Dweck e "Grit: The Power of Passion and Perseverance" di Angela Duckworth.
4. **TED Talks:** Cerca TED Talks su argomenti come la crescita del mindset, la resilienza e la motivazione per ispirazione aggiuntiva.

5. **Gruppi di Supporto:** Cerca gruppi di supporto
   o comunità online dedicati alla crescita del
   mindset, dove puoi condividere esperienze e
   apprendere dagli altri.
   Ricordate che la crescita del mindset è un viaggio
   personale che richiede tempo e impegno, ma può
   portare a risultati significativi nella vostra vita
   professionale e personale. Continuate a
   esplorare, apprendere e praticare per sviluppare
   un mindset di crescita che vi aiuti a raggiungere il
   vostro pieno potenziale.